山西民族传统体育文化研究

SHANXI MINZU CHUANTONG TIYU WENHUA YANJIU

李玉文 著

中南大學出版社
www.csupress.com.cn
·长沙·

图书在版编目(CIP)数据

山西民族传统体育文化研究 / 李玉文著. --长沙:
中南大学出版社, 2024.9.

ISBN 978-7-5487-5888-4

Ⅰ. G852.9

中国国家版本馆 CIP 数据核字第 20245DQ296 号

山西民族传统体育文化研究

SHANXI MINZU CHUANTONG TIYU WENHUA YANJIU

李玉文　著

□出 版 人　林绵优
□责任编辑　谢金伶
□责任印制　唐　曦
□出版发行　中南大学出版社
　　　　　　社址: 长沙市麓山南路　　　邮编: 410083
　　　　　　发行科电话: 0731-88876770　　传真: 0731-88710482
□印　　装　广东虎彩云印刷有限公司

□开　　本　710 mm×1000 mm　1/16　□印张 13.75　□字数 236 千字
□版　　次　2024 年 9 月第 1 版　□印次 2024 年 9 月第 1 次印刷
□书　　号　ISBN 978-7-5487-5888-4
□定　　价　78.00 元

序

传统文化是一个国家或地区各民族在漫长历史发展过程中积累的智慧和经验的结晶，它承载着民族的灵魂和特色。正因为如此，传统文化的传承与发展在保护民族自身特色、促进社会进步和文明发展方面具有不可替代的重要作用。中国作为一个历史悠久、文化底蕴深厚的国家，其传统文化更是展现了中华民族的伟大智慧和独特魅力。

2017 年 1 月中共中央办公厅、国务院办公厅印发的《关于实施中华优秀传统文化传承发展工程的意见》指出，到 2025 年中华优秀传统文化传承发展体系基本形成，并要在保护传承等方面取得重要成果。2018 年 1 月国家体育总局、国家民委印发的《关于进一步加强少数民族传统体育工作的指导意见》也明确指出，要“顺应新时代深化民族团结进步宣传教育和加快推进体育强国建设的需要，繁荣发展少数民族传统体育”。党的二十大报告指出：“我们必须坚定历史自信、文化自信，坚持古为今用、推陈出新。”中国的民族传统体育文化丰富多样，是体育文化蓬勃发展和实现“体育强国”梦想的重要基石。民族传统体育是我国丰富多样的民族文化的重要组成部分，具有独特的魅力。这些传统体育形式在我国的体育事业发展中扮演着非常重要的角色，不仅展示了各民族的优秀传统文化，还促进了民族团结和交流。它们丰富了我国体育运动的多样性，也对培养人们的身体素质和增强体育文化自信起到了积极的推动作用。

山西民族传统体育是中华民族精神文化的重要组成部分，它融合了丰富的历史文化底蕴和独特的民族特色。在山西地区的发展过程中，自然环境、社会经济发展和民族风俗习惯对山西民族传统体育的形成与发展产生了重要的影响。正是由于这种密切的关联，山西民族传统体育才能展现出山西人民的勤劳智慧和独特的生活方式。经过长期的发展和传承，山西民族传统体育形成了独特的风格和特点，无论是通背缠拳、毽球、挑椅舞还是王郭铁棍等，都体现了山西人民的坚韧精神与顽强意志。这些传统项目通过运动方式巧妙地结合了身体技巧、节奏变化和动作韵律，展示出了山西人民特有的智慧和灵性，也受到了广大民众的喜爱和传承，成为丰富人们生活的重要部分。

正所谓“一代人有一代人之学术”。本书作者经过多年的潜心研习，收集了众多的国内外文献资料，为本书的完成付出了大量心血。该书兼具及时性、理论性和实用性，能够为读者提供全面而系统的山西民族传统体育文化研究的参考和指导。它是作者在相关领域研究上的重要贡献，也是推动山西民族传统体育文化传承和发展的重要学术资源。

在本书中，作者深入研究了山西民族传统体育的内涵与起源，分析了其特点与价值，探讨了山西省不同地区的民族传统体育项目特点，并对其分类和分布进行了研究。进而，作者通过对非物质文化遗产项目的深入观察与访谈，逐步还原了山西民族传统体育项目的历史变迁与传承情况，并以非物质文化遗产项目为例进行了个案研究。最后，作者分析了山西民族传统体育面临的挑战与机遇，并提出了多元路径下的发展策略，旨在完善理论框架和学科体系，推动山西民族传统体育文化的传承与发展。

本书的出版对山西民族传统体育文化的传承与发展具有重要的理论和实践意义。它不仅为研究者提供了宝贵的参考和借鉴，还为实践者提供了有益的指导和启示。同时，本书也有助于推动山西民族传统体育文化的研究与实践，为广大民众提供更好地了解和参与山西民族传统体育项目的机会，促进其健康发展和传承。通过对山西民族传统体育文化的研究与实践，我们能够更好地传承和弘扬中华民族的优秀传统，为中华民族文化的传承和发展作出应有的贡献。

收到作者邀请为其新著《山西民族传统体育文化研究》作序之请，我由衷地为她感到高兴，作者这种心无旁骛、坚持不懈的精神值得广大教育工作者学习、推广。

是为序。

白晋湘

（作者系吉首大学二级教授、博士生导师）

目录

第一章

山西民族传统体育的内涵与起源

第一节

山西民族传统体育发展的概况

中国是一个多民族国家，是一个拥有56个民族的大家庭，其中汉族是中国人口最多的民族，也是分布最广的民族。其他55个民族统称为“少数民族”，如苗族、侗族、回族、水族、土族、白族等。在漫长的人类文明进程中，中华民族孕育了丰富多样、各具特色的民族传统体育项目。它们历史悠久，内容丰富，形式多种多样，是中华民族文化宝库中的瑰宝。民族传统体育作为一种传统文化，与本民族的生活方式、生产劳作等是密切相关的，是各个民族在长期的生活和生产中慢慢发展出来的，具有各个民族的特点，并且和各个民族的生活、文化、政治等有着必然的联系，所以我们要全面、科学地认识民族传统体育文化。

一、山西地域文化概述

人类文化千姿百态、丰富多彩，要理解中国传统文化，必须了解其历史地理环境。张岱年先生将中国文化产生和发展的历史地理生态环境分为自然地理环境和人文地理环境。因此，我们在考察山西民族传统体育文化时，只有对它所处的自然地理环境和人文地理环境进行考察，才能了解其发生和生长的本源。

（一）山西自然地理环境

山西省是中国的内陆省份，别称“三晋”，简称“晋”，地处华北西部的黄土高原东翼，南临滔滔黄河，西卧背斜褶皱的吕梁山，东靠天下之脊太行山，因位于太行山之西，故得名山西。从中国地图来看，山西省的疆域是典型的山地高原，并且整体轮廓从东北到西南看起来是平行四边形，南和北之间的距离较远，南北之间的长度约为682千米，东西之间的宽度约为385千米，全省总面积为15.67万平方千米。从地图的俯视角度来看，其形状就像一片叶子。在这里，黄河从北穿越秦晋峡谷奔腾而下，直赴三门峡而向东流，流经华北平原而汇入大海。在山西省境内，高山连绵不断，地形崎岖，东高西低，地表被黄土覆盖，起伏不平，是典型的山地高原地形。汾河从北到南像一条项链穿连其中，河流纵横交错，地貌有山地、丘陵、高原、盆地、台地等多种类型。这些自然因素一起构成了山西省独特的地理环境。也正是这样独特的自然地理环境及悠久的历史，为山西地域文化的孕育与形成创造了得天独厚的条件。

(二)山西人文地理环境

要探寻山西的历史与文化，首先要厘清“晋”的文化渊源。其从元朝后才开始以“山西”作为行政区的称谓，在元朝之前历朝都称为“晋”。其主要是因为在先秦春秋时期，晋国发展的鼎盛时期，疆域辽阔，包括现今的山西大部分地区、河南北部和陕西的一角、河北西南部。周初，周成王灭古唐国之后，将该地册封给其弟叔虞。叔虞去世后将该地传给其子燮父，因该地与晋水相邻，故改国名为“晋”。其以后朝代均沿用这一称谓，如隋炀帝登位而被册封为“晋王”。春秋末，晋国六卿的势力逐渐强大，国力日渐被削弱，发展至战国初期，韩、赵、魏三大贵族因利益冲突而不服从晋国君的统治，将其分裂为韩、赵、魏三国，史称“三晋”。这就是山西简称“晋”的由来。

考古发现，山西是华夏民族祖先繁衍生息的重要区域，夏、商、周与春秋时期的晋和战国时期的韩、赵、魏都在这里建都创业。其又与北方的狄、戎等少数民族部落接壤，时常有血雨腥风的战争发生；而因战争的兼并和民族间的交融，又存在经济贸易沟通与来往。山西的地理位置非常利于山西借助东部沿海发达地区的技术、人才、经济等优势以及西北部地区丰富的自然资源，来扩大对外经济贸易往来。明清时期就曾崛起过大型商帮——晋商。在中国历史上，无论是地理位置还是战略位置，山西都是非常重要的。

此外，这里是中原农耕文明与草原游牧文明交汇之地，是中原文化发展的核心区域。自中国史前文明出现伊始，经过数千年的朝代更迭和历史演变，这里形成了具有浓厚特色的地域文化。秦、汉、唐在这里谱写着民族融合、社会繁荣的光辉篇章，明清时期的晋商文化更是影响很广。

截至2023年初，山西省有全国重点文物保护单位531处；世界级文化遗产、省级文物单位、市县级文物单位、国有可移动文物分别有3处、779处、11258处、320余万件，如五台山佛教建筑群、云冈石窟、平遥古城等。山西历史文化悠久深厚，素有“中国古代文化博物馆”之称。山西省南北区域人文自然条件迥异，在中国历史上经常被不同的统治者占领，因而南北地域有着迥异的文化传统和人文特点，在众多研究和实践中均是将山西文化按照地域划分为晋北、晋中和晋南三大区域。虽然山西传统文化多元且差异性大，但山西省的历史与文化中蕴含的精神实质至今仍然有巨大的价值和活力。

二、山西民族传统体育的发展历程

山西文化是以华夏文化和晋文化为核心，经过多元融汇、渗透、凝结而逐步形成的。在新旧石器时代，山西地域就出现了较为封闭独立的文化发展序列。旧石器时代，原始人类由于生存受到自然环境的影响，由南向北呈现出两种迥然不同的文化发展形态。新石器时代，山西地区出现了原始农业和畜牧业，并出现了长期定居的原始部落，逐渐形成了南部以农耕为主和北部以游牧为主的生产生活方式，也同时产生了农耕和游牧两种不同的文化。在两种文化相互交流交融的影响下，山西的民族传统体育呈现出农耕与游牧两种文化并存的形态，如农耕文化下产生的河东舞龙、河东风筝、动物棋、荡秋千和游牧文化下产生的忻州挠羊赛、射箭等。山西不同区域民族传统体育文化之间的相互交流、交相辉映，展现着各时期的体育文化特色。

春秋战国时期，晋文化开始形成，三晋名家涌现，学派林立，思想活跃，其中法家、兵家思想引领潮流，军事文化内涵深刻，多元文化竞相发展。晋文公尊王攘夷，举行践土之盟，成为春秋时期的第二位霸主，开创了晋国长达百年的霸业，强调法制的重要性。在多元化的交融发展下，赵国赵武灵王推行胡服骑射，提倡向胡人学习骑马射箭，改革服装，开军事变革的先河。这一改革极大地提高了士兵的军事作战能力，在一定程度上为山西民族传统体育项目中的射箭、骑马的发展作出了贡献。此时期是山西地域文化基本形成的时期。

进入秦汉时期，山西地域文化犹如百川归海，汇入了华夏文化的历史长河。这一时期，军事文化得到了极大的发展，并孕育了大批的英雄人物和杰出的军事将领。如西汉时期的军事将领卫青及其外甥霍去病，都是抗击匈奴的军事人才，他们为保家卫国奋死击退匈奴，为山西的发展筑建了铜墙铁壁。正如司马光所云：“太行横拥巨川回，三晋由来产异才。”这说明山西地域人杰地灵，涌现了大量的军事将领和武术名家，为山西地域的尚武精神、文化蕴涵的形成创造了得天独厚的条件。

到了魏晋南北朝时期，山西地域进一步展现出了蓬勃生机。隋唐及北宋时期，山西地域文化步入繁荣期。此时期山西处于军事上重要的地理位置，再加上各民族的融合和多元文化的融会，崇文尚武之风盛行，涌现了大批文化名人和军事家。特别是唐代武则天创建的“武举制”，为民间有志之士提供了晋升武官的机会，极大地刺激了民间武术的发展。此时期社会的经济、政治、文化、民风民情等都得到了全面的发展，为山西文化及华夏文化留下了极其宝贵的历史文化遗产。

中国封建社会经过 2000 余年的文明积累，到明清时期达到历史的顶峰。无论是从表象、制度，还是从思想意识形态以及整体的文化气质方面而言，明清时期都是我国古代极大发展的时期。同时，随着时代的嬗变，新思想的冲击，新式教育的兴起，山西地域文化也进入了求新图变的新时期。此时期也是山西民族传统体育获得极大成就的时期，如明清时期山西洪洞通背拳、山西晋中形意拳等都是当时武术文化发展的典范。特别是在山西晋商文化影响下得以繁荣生存的镖局，对武术文化发展的促进作用是各界达成了共识的。当时祁县、太谷县等地著名的形意拳拳师被聘为富商的护院拳师，如太谷三多堂镖局的护镖师有 500 多名，李洛能、贺运亨、车毅斋等著名武术家都在此担任过镖师，并受到东家的优厚待遇。此外，由于军事项目与民族传统体育项目的长期互动，民族传统体育项目也得到了长足的发展。如明清时期山西的尉村跑鼓车，是一种军事项目向民族传统体育项目转变的文化再现。因此，明代的武举制度、清代的官办武学以及官方与民间的互动等各种因素的交互作用在很大程度上促进了山西民族传统体育文化体系的形成与发展。

山西是华夏民族文明起源的中心区域之一，历史悠久，文化积淀深厚，拥有丰富的物质文化遗产和非物质文化遗产，在中国历史文化发展的各阶段都具有其特殊的价值和作用。中华人民共和国成立以来，党和政府高度重视文化遗产保护工作，开展了大规模的民族识别和文化普查工作，通过挖掘和整理等，研究出了我国大量的民族传统体育成果，在这个过程中也培养出了大量的民族传统体育人才，为我国民族传统体育的发展奠定了一定的基础。1980 年开始进行先行试点和抢救濒危工作，在全国体育工作会议上提出了加强体育法规建设的指导方针。这一方针推动了我国民族传统体育工作的正常化、法制化、规范化的发展。1983 年开展了我国民族传统体育发展史上空前绝后的“普查家底，抢救文化遗产”工作。在国家战略的推动下，我国民族传统体育非遗保护的工作重心也发生了变化，由先行试点到抢救濒危再向全面展开和重点保护进行转变。在此阶段，关于山西地区众多民族传统体育项目，如形意拳、弓力拳等拳种理论、技术的传播与发展的典籍也得以挖掘与保护，民族传统体育挖掘与整理工作取得了举世瞩目的成就。特别是 2003 年我国加入《保护非物质文化遗产公约》以来，大批民族传统体育项目被重新认定，受到保护。截至 2023 年 5 月，山西省已经公布了 6 批省级非物质文化遗产代表性项目，其中包含众多民族传统体育项目，如挠羊赛、通背缠拳、鞭杆、杨氏太极拳、文水绵掌拳等，传统体育、游艺与杂技项目开展良好有序。目前，推动山西民族传统体育非物质文化遗产多元化、多向度发展，加快其与体育产业、体育旅游、学校教育的深度融合，已成为发展我国区域经济和推动全民健身，以及向外展示山西文化软实力的重要手段。党的十八大以来，我国进入发展新阶段，山西民族传统体育的发展应如何融入体育强国建设，扩大影响力，提升发展质量，促进民族传统体育的创新性发展与创造性转化，加强民族传统体育与学校教育、全民健身、国民经济等的深度融合，不断满足人民群众对美好生活的多元需求，应是我们今后努力的方向。

第二节

山西民族传统体育文化的内涵

山西民族传统体育文化不仅仅作为体育的形态而存在，其中也蕴含着外显的和内隐的带有双重结构的价值体系和行为模式体系，若想整体、全面地了解山西民族传统体育文化所蕴含的深厚意蕴和内涵，应先对其结构进行层次划分。文化结构的内涵是指一个文化系统内部的各种文化要素间交互联系、影响和作用而形成的规律和秩序。文化结构的不同决定了文化系统类型、性质与功能的不同。文化具有不同的分层方式，一是“物质的文化层”与“精神的文化层”两层次说，二是“物质文化、制度文化和精神文化”三层次说，三是“物态文化、制度文化、行为文化、心态文化”四层次说，四是“物质文化、艺术、语言符号、社会关系、精神文化和风俗行为习惯”六大子系统说。目前，民族传统体育文化的众多研究主要是基于文化三层次说的研究范式来阐释其文化内涵的，忽视了民族传统体育活动中约定俗成的习惯定式部分，它以非正式的习俗、民风、民德、乡规民约等形态出现，是民族传统体育文化内涵的重要部分。因此，本书基于张岱年主编的《中国文化概论》将文化分为四个层次，即物态文化层、制度文化层、行为文化层、心态文化层，来对山西民族传统体育文化的内涵进行阐述，进一步厘清山西民族传统体育文化的内涵，从而在整体上把握其性质和结构。

一、物态文化层的山西民族传统体育

文化系统的表层是物态文化，它是人与自然相互作用而产生的可触及的文化事物，是一种人对环境影响的物化记载。换而言之，它是人们日常生活生产的物质产品的总和，是可观察、可触及的具有物质性的实实在在的文化实体。

基于此，我们可将山西民族传统体育文化在物态文化层的内涵上分为体育项目、体育器材、体育服饰、体育文献典籍。

（一）山西民族传统体育项目

山西民族传统体育文化是先辈留下来的文化遗产，在历史长河中，出现了具有民族特色、风格形式各异的民族传统体育项目，其直接反映了人类对自然界的认识、把握、利用、改造的程度。由中国体育博物馆、国家体委体育文史工作委员会组织编写，广西民族出版社 1990 年出版的《中华民族传统体育志》中记载："目前发现和挖掘的民族传统体育项目共 977 项，其中少数民族体育项目 676 项，汉族体育项目 301 项。"但受当时物力、财力、人力、交通、设备等的限制，定会有众多民族传统体育项目未能得到较好的挖掘。在新时代中国式现代化的历史进程中，民族传统体育补遗工作可能将会继续开展，民族传统体育的中国式现代化之路将会乘风破浪、扬帆起航。根据文化人类学的视角，按照"历史文化区"划分方法，可将山西民族传统体育的项目分为晋北、晋中、晋南三个区域的民族传统体育项目。

1. 晋北民族传统体育项目

晋北地区在山西北部，主要包括忻州市、大同市和朔州市。该地区历史文化生态是由游牧文化、农耕文化、边塞文化等合并而成，但晋北地区山地、丘陵绵延，农耕区域相对比较少。在农耕、游牧、边塞等多元文化的影响下，晋北地区孕育了兼具游牧文化和农耕文化特点的民族传统体育项目。如忻州市的民族传统体育项目有杨家将武术、挠羊赛、杨家枪法、射箭等；大同市的民族传统体育项目有大同龙形拳、大同形意拳、大同八卦拳、大同大成拳、高氏罗汉拳、大同梅花拳、二郎拳、大同八法拳、贾氏梅花拳等；朔州市有朔县儿童游艺。

2. 晋中民族传统体育项目

晋中地区包括晋中市、太原市、吕梁市和阳泉市四个地级市。该地区虽然紧靠太行山、吕梁山脉，但在汾河文化的冲击下形成了丰富多彩的农耕文化。随着社会发展的推动，该地区明清时期的经济发展达到了前所未有的高度，也诞生了驰骋欧亚、备受瞩目的晋商文化。在晋商文化的影响下，以传统武术为手段的保家护院、走镖保镖的保镖业得到了长足的发展，同时也促进了护院拳师、武术拳械、武术结社等的形成与发展。如今晋商文化仍然深刻影响着晋中地区的民族传统体育文化的传承与发展。因而，在农耕文化与晋商文化融合发展的影响下，晋中成为山西地区民族传统体育文化最为繁盛的区域。

晋中市民族传统体育项目有太谷花棍、平遥王家拳、形意八卦拳、六合拳、战功拳、寿阳杨氏太极拳、岳家拳、梅花拳、绳鞭、手搏术、公议拳、心意六合拳、戴氏心意拳、形意拳、通背拳术、金刚拳、三教门拳、武氏太极拳、大川口响马传、寿阳打铁虎、谭派游身八卦连环掌、智耳太祖洪拳、王宗岳太极拳、滚叉、向阳高跷等。

太原市民族传统体育项目有风火流星、太原打荒棍、杨氏小架拳法、翻花绳、樊氏八卦掌揉身转、鞭杆、西华门舞狮、南少林五行拳、太原舞大杆、南少林五行柔术、洗髓经健身术、傅山拳、车派形意拳、新午拳、岳氏八翻手拳、岳氏意拳、通背缠拳、浑元一气功、杨氏太极拳、手搏术等。

吕梁市民族传统体育项目有袁氏传统长拳、白猿通背拳、保贤窝儿拳、孝义陈式太极拳、文水绵掌拳、文水董传意拳、文水梁家拳、文水毓秀拳、汾阳六合拳、左权六合拳、文水新午拳、孝义秘传64式活步大架太极拳、孝义市陈氏太极拳等。

阳泉市民族传统体育项目有义东沟秘宗门武术、跑马排等。

3. 晋南民族传统体育项目

晋南地区包括临汾市、运城市、长治市、晋城市。该地区地势平坦，环境优越，西以黄河接陕西，南以黄河接河南，位于太行山南脉，是人类农耕文明一直延续兴盛的重要区域。因受农耕文明的影响，晋南民族传统体育项目体现了传统农耕文化的特点及文化形态。

临汾市民族传统体育项目有动物棋、打瓦游戏、青萍剑术、霍州通背拳、飞岭村高跷、人熊舞、转九曲、新午拳、鼓车道、通背缠拳等。

运城市民族传统体育项目有吕洞宾调息散步法、和氏太极拳、闻喜杨氏太极拳、芮城内经图法、易筋通脊功、河东心意拳、岳式连拳八翻手、永济飞狮、河东风筝、流星锤、散手迎风掌等。

长治市民族传统体育项目有武乡形意拳、太行意拳、沁县龙舟赛、襄垣芗拳传统武术、北峪村武故事、鲍家拳对练等。

其中山西太谷形意拳、晋中心意拳、祁县心意拳、忻州挠羊赛、太原风火流星、洪洞县通背缠拳已经列为国家级非物质文化遗产保护项目。

(二) 山西民族传统体育器械

在人类的文化发展过程中，工具的使用以及工具的进步成为人类进步的重要标志，工具的不断制作和改进伴随着人类文化发生和发展的始终。在近千种民族传统体育项目中，相当一部分项目是需要借助器械来完成的。

考古学家贾兰坡指出：北京猿人在当时的条件下，最得力的狩猎武器还应该是木棒和火把。随着生产力的提高和军事战争的推动，逐渐出现了刀、枪、剑、棍、斧、钺、钩、叉等十八般兵器，这些武器的出现和军事技艺的发展促进了山西传统武术的繁荣。如 1963 年在山西朔县发现了具有重大历史价值的旧石器遗址，这里有大量的石器，像石球、石刀等；再如在山西省体育博物馆展厅里，同样也陈列着武艺等体育项目的器物，如各类箭镞、兵器(如戟、钺)、练功墩等。这都是古代社会人类采用木器、石器等作为狩猎工具和进行军事战争的重要考证。

在山西民间民俗娱乐类、竞技类的项目中，也有许多项目需要借助器械完成。如山西民俗体育项目跑鼓车，将战鼓与战车融合，创造了一种在古代战争中可移动的传达军令的军事设备。战鼓上绘有图案和文字，体现了中华民族对宗族文化、图腾文化的崇拜，是人们情感、意念、思想意识的动力源泉和精神寄托。还有山西的绞活龙、沁县龙舟、永济飞狮、绳鞭、动物棋等各种各样独具特色的民族传统体育活动的器械，它们同样是一种物化的文化，是民族传统体育物态文化层的重要组成部分。

山西省体育博物馆里的清弓、投壶、气功、百戏等杂技项目的器物，以及棋谱、棋石、棋图瓷盘等藏品直观地呈现了围棋、象棋等益智类传统体育项目发展的形态。

这些零零散散、各式各样的民族传统体育器械展示了山西民族传统体育文化的丰富内涵，是山西民族传统体育文化发展的历史见证，也是文化交流与宣传的重要符号。

(三) 山西民族传统体育服饰

传统体育服饰属于服饰文化范畴，是民族传统体育的文化符号。由于民族特色、地域特色、项目特点以及自然环境等的影响，各项目的体育服饰呈现多样化、民族化、项目化的特色，服饰的图案纹理、设计样式、颜色搭配等各异。

山西汉族人口占比超过90%，服饰保持了典型的汉民族特色，从“不争繁华而求品位、不图浮饰而求特色”的衣着装扮风格上可以窥探出山西人民俭朴勤劳的生活方式。人们在举办民族传统体育活动时都会有针对服饰的规定和要求，以便于民族识别、项目辨别。如在全国少数民族传统体育运动会开幕式上或比赛中，各族人民身穿民族服饰隆重出席开幕式，在有关比赛中也穿着民族服饰。如山西翼城花鼓作为山西省参加全国少数民族传统体育运动会的标志项目，自1999年来多次组队参加表演。穿着民族特色服饰，灵动活泼、气势豪迈的花鼓队伍给人以强大的视觉冲击力和精神感受，其奔放热烈的表演形式赢得满堂喝彩。从文化的认同度来看，服饰代表的物质文化交流是中华文化认同的重要媒介。如在山西历史上著名的骑射项目典故——赵武灵王胡服骑射中，赵武灵王根据胡服改进了军队服饰，其有几个作用：一是使服装更便于战士们骑马、射箭；二是减弱了华夏民族鄙视胡人的心理，逐渐加深了人群交往程度，推动了族群间相互的文化认可。不同民族的体育服饰是不同民族的文化象征，是能够推动各个民族团结和文化认同的重要物质文化元素，在新时代背景下具有重要的文化意义。我们应了解更多的民族服饰，因为它们是铸牢中华民族共同体意识的重要文化符号。

（四）山西民族传统体育文献典籍

语言文字是人类文化的重要特征。语言文字既是人类文化的载体，又是人类文化的重要组成部分，不仅促进了人类的思维发展与交流，还促进了文化的传递与传播。通过人与人之间、代与代之间的直接经验传承与学习，人们在短时间内掌握了大量的文化知识。语言文字对民族传统体育文化的传承、传播作出了重要的贡献。有关民族传统体育的文献典籍浩瀚繁多，从典籍的内容记载形式来看，主要分为以下几类。一是各类经典古籍中的民族传统体育文献相关记载。可能受古代重文轻武思想的影响，大部分民族传统体育古文献沉积在浩瀚的典籍史料中，其中《周礼》中就有关于“六艺”的乐、射、御的内容。《庄子·说剑》对当时的斗剑、练剑之风进行了详尽的描述，提出了“后发先至”的理论，启迪了中国武术的精神，为剑侠小说的恣肆描写提供了灵感，影响了武术思想的发展。《汉书》中有大量关于武术的记载。其与明代唐顺之的《武编》、戚继光的《纪效新书》、茅元仪的《武备志》、程子颐的《武备要略》等均是较早的与武术有关的著作。二是关于民族传统体育的文献专著。如山西武术家王宗岳的《太极拳论》，是现存太极拳古典籍著作中最早的也是评价最高的武术著作。该著作突破了明清武术论著以兵家论武技的惯例，阐述了太极拳的修炼之法和攻防之道。山西形意拳名家姬际可的《姬际可自述》与《拳论·十法摘要》等，记载了其习武历程及形意拳的技法要义。形意拳大师李洛能的《形意拳谱》，对该拳的发展作出了巨大贡献。还有形意拳大师宋世荣创编的《内功盘根》《徒手十六把》《麟角刀》等著作，戴氏心意拳的《戴家拳秘谱》、傅山拳的《傅拳图》、洪洞通背拳的《通背拳谱》、山西鞭杆的《短鞭讲义》、王新午的《岳氏八翻手》、弓力拳的《弓力拳谱》等手抄本。这些文献典籍都是山西武术乃至中国武术文献研究的重要资料。

中华人民共和国成立以来，有关山西民族传统体育的书籍层出不穷，其中由全国近200位体育史志工作者历经4年收集、整理、编纂而成的《中华民族传统体育志》(包括山西卷宗)，是我国第一部全国性的以民族传统体育项目为主体的体育专门志。该书挖掘、收集、整理了民族传统体育项目977项。还有山西地方志编纂委员会编著的《山西通志·第42卷 体育志》，记载了山西传统体育项目等。另外，还有徐天生等著的《通背缠拳》、陈盛甫编著的《鞭杆运动》、苗树林著的《形意拳图解》、郭瑾刚著的《戴氏心意拳》等文献，数不胜数。文献典籍富含重要的历史信息，是民族传统体育文化的重要载体和来源，是物质层面最重要、最具活力的一部分，是我们应传承与保护的重要物质文化。

二、制度文化层的山西民族传统体育

制度文化是指人类在生活生产实践过程中为规范社会行为而建立的各种规章制度。《体育史》是我国大多数体育院校使用的教材，书中把体育的社会文化现象分为三个层次：人们的运动方式和体育行为、指导和支配这些行为的行为规范和观念，以及为了实现体育行为进而形成的一定组织形式。

首先，社会规范是用来规制人们行动的标准和准则。民族传统体育是一种社会活动，只有在群体行为中形成社会关系才能进行。也就是说，人们在创造和发展民族传统体育项目时，要维持彼此间的联系，必然也会创造出一个属于自己和服务自己，并且约束自己的社会环境，最终创造出规范人们运动方式和体育行为的关系准则，如体育政策、体育制度等。这种制度是正式的、明文规定的行为规范，通常由国家相关权威部门制定、推行和实施。如国家、民族政策中涉及对民族文化的保护，《中国人民政治协商会议共同纲领》(1949年)、《中华人民共和国民族区域自治实施纲要》(1952年)、《民族乡行政工作条例》、《山西省“十四五”文化发展规划》等都有关于民族传统体育文化的规定。如体育政策中对山西民族传统体育文化保护的相关政策，《山西省“十四五”体育发展规划》《山西省全民健身实施计划(2021—2025年)》等对民族传统体育文化的保护与发展都有相关规定。总之，这种行为规范不仅具有引导和制约人们在参与民族传统体育活动中的行为的作用，而且还有一定的威慑作用，是维护山西民族传统体育文化稳定传承与发展的保障。

其次，社会组织是社会发展到一定阶段的产物。人们在创造出一系列的相互关系准则的同时，会将它们规范化为与体育有关的体育组织、体育社团、体育机构等社会组织。各成员基于共同的目标，在组织内部形成一个彼此联系、相互制衡的社会团体。如山西古代社会的镖局结社组织、形意拳门派等，现代社会的山西各省市武术协会、民族传统体育组织机构等。

在数千年的历史发展中，中华民族的体育文化经历了一个形成、发展、繁荣的过程。在这个过程中，山西在不同历史时期形成了与其他地域类似的体育制度、体育组织，但呈现出不同的样态。

春秋战国时期，中国王朝的盛衰交替、稳定与战乱互易成了周而复始的规律。由于战事频繁，各国都非常重视军事训练，开始恢复武艺训练并整治军队，逐渐推行“公民兵”制度。如《列子》中记载：晋国贵族范子华门下众多武士时常角力比武，“虽伤破于前，不用介意，终日夜以此为戏乐，国殆成俗”。晋国在每年的春秋两季都会举行比武选拔优秀军事人才。梁惠王就曾评价说：“晋国，天下莫强焉，叟之所知也”，说明当时晋国人民尚武。

两晋、隋唐五代时期，是我国古代体育文化的空前繁荣时期。由于争斗不断、战争频发，军事战争促进了武艺的急速发展，两晋时期仍以汉魏的“世兵制”为主。所谓世兵制，即士兵全家变为军籍，以兵为业，世代为兵。尤其是唐朝的时候，最著名的是武则天设置的“武举制”，它是我国科举考试体制中探索出的一种专门为选拔武术将才而设置的考试制度。武举考试项目主要包括以骑射、武器实战为主的武技，以体力、体能及力量展示为主的身体素质以及一些能体现武艺水平高超的附加项目三方面。唐朝武举制的推行也促进了各种对抗技艺的产生。有传说，山西挠羊赛起源于唐朝。《旧五代史》载，后唐大将李存贤“少有材力，善角抵”，李存贤为太原人，热爱角抵，善与人一搏。当时忻州市的民俗风情是“安家先安神，建宅先建庙”，出现了村村有寺庙、巷巷有神堂的现象，并定期举办盛大庙会和角抵比赛，获胜者奖励活羊，民间就称之为挠羊赛。先不论挠羊赛缘起的真伪，但唐代武举制度的实施，很大程度上推动了山西以及全国各地民族传统体育的发展，对中国武学文化产生了十分深远的影响。

宋代出现了专门的军事学校武学。这一时期，由于军事战争比较频繁，统治者比较重视武备。宋朝开始实行募兵制，通过层层选募、武举考试选拔一些优秀的武艺人才进行训练，学制三年，内容有理论和实践两部分，并制定严格的考核标准。如《宋史·兵志九》中规定：“枪刀术胜三人者，立为武艺出人格。”将士们为达到考核标准、拔得头筹，“日夜按习武艺”，大大提升了军队的训练效果。同时，对于军官的选拔，也实行考试制，出现了专门的武技教练。另外，随着市民阶层的壮大，城市中出现了以健身为目的的武艺结社组织。如《东京梦华录》卷五“京瓦伎艺”中记载，北宋汴京城较有名的艺人有七十多人，擅长相扑、棹刀、蛮牌的有杨望京、董十五、赵七、曹保义、张臻妙、温奴哥等。这些结社组织活动开展广泛，游离在瓦舍、勾栏、作场等各个场所。这在很大程度上推动了民间武艺的快速发展，也加快了武术体系的形成与发展。

明清时期是我国传统体育文化的快速发展时期。明代遵循前朝制度，“立武学，用武举”，明确乡试、会试、殿试三级的考试程序，建立了严格的选拔人才制度。此时山西诞生了一批著名的武术家、军事家，如姬际可、傅山、王宗岳、戴龙邦、马全、王正卿、左昌德、李洛能、车毅斋、宋世荣等。他们重视军队武艺训练，形成了较为成熟的武术思想和训练体系，促进了山西传统武术形意拳、戴氏心意拳、傅山拳法的形成，极大地推动了山西民间尚武之风，并形成了具有鲜明特色的形意拳等流派和门派。此外，此时晋商文化的兴起，推动了山西地方武术传承模式的改革，促进了山西传统武术文化的极大发展。从传统技艺传承的发展历程来看，其是以“血缘”的家族制或“类血缘”的师徒制为传承根基的。但在晋商文化影响下，其打破了门派封闭的传承制度，而向家族外传承，逐渐向村、区域和行业传习。这也是形意拳等在山西各地均有传承的重要影响因素，使得山西太谷等地有“形意拳之乡”的美誉。这种传承制度的革新极大地推动了山西传统武术体系的形成与发展。

通过对古代部分民族传统体育体制的梳理可以发现，每个时期都有与军事有关的体育体制及其规范化。但这些体制和规范主要是为了服务于军事战争和维护国家稳定，其在目的上就呈现“重文轻武，崇文尚柔”的特点。受到山西历史文化以及晋商文化的影响，其重武现象相对盛行，而正是由于这种目的性的导向，晋商文化与武术文化形成了一种互相依赖、相辅相成的发展模式，直接促成了山西传统体育活动的兴起与繁荣，推动了山西各地域间传统体育文化的交流传播，这也是山西传统体育文化发展异于其他地域的根本原因。

三、行为文化层的山西民族传统体育

在人类的社会实践中，人们在人际关系的交往中形成的习惯定式构成了行为文化。行为文化主要体现在人们的日常起居中，以及民风民俗形态中，所以说行为文化具有民族和地域特色。它是一种非正式的规范，主要有习俗、民风、民德、乡规民约等，引导性或约束力来自大众的压力。山西民族传统体育项目与传统风俗都具有浓厚的民族特色，比如山西临汾尉村跑鼓车，被纳入民俗类非物质文化遗产名录，具有健身性、竞技性的体育属性。“鼓车赛会”的实际行为过程为“仪式—竞赛—颁奖”，祭鼓仪式包括撒鼓、溜腿、祭鼓、游鼓、踩辕、鏖战、亮梢、和议等环节。当地居民认为，在清明节期间进行撒鼓、溜腿仪式主要是为了祭祖，或是求雨、禳灾、祈福。祭鼓仪式结束后，才开展跑鼓车比赛。山西太谷绞活龙是元宵节社火活动中的一项。人们举着龙灯在城墙上转几圈，叫作“压城”；在二月二“龙抬头”时，“绞活龙”在街头广场表演完毕后，百姓将“龙”请到住宅，在院子里转一遭，称为“压院”。在人们心中，舞龙能驱邪禳灾、保平安。人们通过这些仪式来表达对美好生活的向往。

社会习俗是较多的社会成员通常所选择的行为方式，个人在社会环境中，通常会尊重社会习俗而选择相同或相似的行动。如果在固定的场合违背礼仪要求，就会受到同行的评议、指责，甚至是承受社会的压力。如跑鼓车的文化禁忌有套辕尾巴子、鼓车进入他院、拉他院鼓车等。如有人违背了这几种行为规范，就会被冠以“霉气”“晦气”的标签。再如形意拳拜师礼仪，主要有拜师礼和社交礼。其中拜师礼是拟以“父子关系”制度为纽带，把儒家文化奉为指导思想的伦理观念体系。拜师时通常要“三跪九叩”，跪拜表示内心诚服，通过此大礼让徒弟与师父之间建立起一种类血缘关系。社交礼是武术江湖人交往中常使用的礼节，在武术界行事时，稍有不慎就容易缺失礼节，对名誉产生不良影响。除此之外，传统武术中有许多约定俗成的习惯性行为，如一些反关节阴招、损招的禁用，“持艺伤人，罪不容诛；恃强凌弱，罪不可恕”等行为规定。

礼与德行教化是紧密结合的。在古代社会就出现了礼的萌芽，如西周射术发展的一大显著特色，是使射术与礼乐相结合而形成“射礼”。我们所说的射礼，即将“规则之礼”和“道德之礼”兼而习之的一种射箭文化和活动。正如《礼记·射义》所述：“射者，男子之事也，因而饰之以礼乐也，故事之尽礼乐，而可数为，以立德行者，莫若射，故圣王务焉。”这也充分说明“射礼”与“道德教化”是不可分割、紧密结合的。因此，在具有鲜明的民族、地域特色的传统文化海洋里孕育出来的民族传统体育拥有形式各异的以民风、民俗形态出现的行为文化。这些行为文化往往与人的社会行为相关联，是社会的、集体的，是通过集体的同意和反复履行才达成人们所认可和接受的契约和规定。这种行为模式对推动民族传统体育文化与风俗的互动发展和促进各族人民团结、和谐、友好具有重要的作用。

四、心态文化层的山西民族传统体育

心态文化是文化最本质和最核心的部分，它是人们在日常的社会实践和意识活动中孕育出来的一种思维方式、审美情趣和价值观念。心态文化层所蕴含的“精神内核”则是中华优秀传统文化的核心和灵魂。它是最稳定的，属于文化结构层的内层，具有文化传统和基本的精神思想观念，能够感染和熏陶大多数人，具有广泛的影响力，为人们所认可和接受，成为人们的价值追求和人生信念。同时它还有维系民族发展和民族生存的作用，对社会的进步具有积极的作用。

首先，追求天人合一、身心合一的哲学思想。道家追求道法自然，强调天人合一、身心合一的道家身体观。道家建立起来的“天人合一”思想体现了一种直观、感性的思维方式，追求的是人与自然和谐与统一的哲学思想。在古代，人们在举行跑鼓车祭鼓、太谷绞活龙“压院”、沁县龙舟赛祈福等活动时，往往会举行相应的仪式以祈求神灵的庇佑，期盼风调雨顺、五谷丰登、安稳祥和的状态。另外，在道家思想影响下，从形意拳的外三合（手与足合、肘与膝合、肩与胯合）和内三合（心与意合、意与气合、气与力合）中可以窥探出“身心合一”的身体哲学观。总之，山西传统体育文化与中华传统文化同源同生，在整体、均衡、有度的思想中生成、传承与发展，为山西民族传统体育文化魅力的持久存在和持续传承提供了内生动力。

其次，崇尚“仁”“义”“礼”“信”的道德理念。孔子哲学把“仁”放在了首位，也就是我们所说的人之所以为人的根本。孔子将“勇”与“仁”嵌合在一起，将之表述为“仁者必有勇”“勇而无礼则乱”。山西晋中的习武者们尊称“武圣人”关羽为祖，关公文化体现的“忠”和“义”思想是山西晋中传统武术的精神信仰，山西的习武者们多以“仁”“德”作为考察传承人的关键；山西古代晋商镖局也以武艺高强且武德高尚之人做镖师。在“仁义”思想影响下，讲“仁义”之人都会受到大家的尊重。传统武术在技击上也讲究点到为止、不战而胜，追求“止戈为武”的最高境界，体现的正是以“仁”为核心的道德理念。

礼的文化及礼治精神作为传统文化的精髓，讲究亲和政策和伦理亲情，对于提高个人修养、建立和谐的人际关系和稳定和谐的社会秩序极为重要。如山西永济飞狮，在表演时遵循竞赛礼仪，举首、提足、敬礼、叩拜等动作体现了当地民俗。这些礼仪规范反映了中华民族守内、尚礼的人格倾向，这种“尚礼”的文化传承能够让参赛队员相互尊重、和谐相处，彰显了伦理道德规范，是对民族精神的传承与弘扬，这在今天依然对山西民族传统体育文化的发展有着极大的现实意义。

崇尚“信”文化，以真诚之心行信义之事。孔子曰：“人而无信，不知其可也。”山西晋商文化直接促成了山西传统武术的兴起，更永铸了山西人民的诚信美德。在面对山西土地贫瘠、农耕经济发展受阻的现实困境时，晋商以“诚信”为核心，以“武术”为依托，大力经营盐业、票号等商业，间接促进了山西镖局业、武术行业的发展与繁荣。晋商在交友聚会、保家护院、联络业务、武术交流、共叙乡情等活动中，为山西人民树立了诚信的标杆，并使之成为山西文化的重要精神。

山西民族传统体育是中华民族根据文化思想与思维模式，在认识与改造自然、社会与民族自身的过程中，形成的具有自身特色的民族文化活动方式。它在发展过程中渗透到了社会、文化、政治、教育等各个层面，在对生存环境的适应、革新和改造中，使自己的“思想物化品”不断增多。这些“思想物化品”的存在为山西民族传统体育文化的产生和发展奠定了坚实的物质基础，同时，在参与山西民族传统体育的具体实践活动中内化为人们的价值观念、思维意识、伦理道德等。这都是对人类精神生活领域文化的反映，是山西民族传统体育文化的核心组成部分。

第三节

山西民族传统体育的起源

了解过去，是认识当下的基础，是把握未来发展趋势的前提。发展至今，山西民族传统体育已经成为丰富人们日常生活的身体营养剂、精神振奋剂，集健身、娱乐、观赏、竞技等功能于一身。但是，如果时光追溯到远古社会时代，民族传统体育可能意味着血腥的暴力、生死的较量。历史悠久的山西传统体育是在整个中华民族生存、生活、劳动、军事战争、娱乐、节庆、祭拜、经济等活动中萌发的，是在中华民族深邃文化的交往交流交融中发展的。因此，要深入了解山西民族传统体育的前世今生，必须了解民族传统体育的起源。

一、源于生产劳动的需要

我国各民族先民都是从原始社会中脱胎换骨进化而来的，论及民族传统体育的起源，可以追溯到从猿进化为人的过程。民族传统体育的产生、演变与发展也必然伴随着人类社会的发展，必然离不开日常的生存狩猎、生活劳动等。山西民族传统体育与中华民族传统体育是同源的，由于原始社会的生产力十分低下，人类不得不在恶劣的自然环境中充分发展身体的各种技能来获取所需的各种食物。在人类采集野果和狩猎的过程中，人类的一些基本体育活动技能，如爬、跑、攀登、投、走、跳等也随之产生。在面对高大凶猛的野兽时又不得不加强身体技能的锻炼，并利用石头、树木制造武器来提高自身技能，探寻一种可以提高身体活动能力的智慧，而这种智慧最终促使一种提高人身体活动能力的知识或者说文化产生。因此，在劳动之余，人类开始有目的、有意识地寻求提高奔跑追逐、投掷射击等身体能力的知识和方法。随着生活水平的逐步提高，这些抒发情感、游戏嬉闹、巫舞祭祀等的活动极大地促进了中华民族传统体育文化的产生、发展和完善。如山西有晋北射箭、忻州挠羊赛、形意拳等，其他地域也诞生了摔跤、骑马、射箭等项目。这些项目成为一种人类独有的文化形态并影响人类的历史进程。

从考古的发现来看，山西及其他区域都挖掘出了相似形制的石器等。如在1963年，中国科学院古脊椎动物与古人类研究所在山西省朔县城西北峙峪村附近发现了大量十分精致的石球、石刀、石镞、骨器及各种形制的尖锐器物。20世纪初，对北京房山周口店龙骨山北京人遗址进行了发掘，从发现的古人类化石推断，该遗址中存有北京人用44种石料制作的10万余件石制工具，还有62种鸟类骨。这也间接地说明原始人类走、跑、跳、掷、攀越等身体基本活动技能以及制作兵器、捕杀猎物的生产技术等已得到很大提高，甚至有些体育动作形态及体育器材的形制与现代体育相差无几。由此说明，在人类生产劳作和狩猎采集过程中，许多民族传统体育项目也应运而生。

自然万物，生长休憩，都有其自身的规律节奏。生活在大自然中的人也需要张弛有度，劳逸结合。许多民族传统体育项目是在劳动间隙因地制宜地创造出来的，同时由于受自然环境的影响，民族传统体育项目各具地域特色。如受农业耕作影响产生的山西体育项目——晋南地区的打瓦游戏，也叫“瓦母”，是一项由多人参与的竞技性投掷类体育游戏。在茶余饭后，人们经常集体性地参与这项体育游戏，在活动中表现出了团结互助、争优取胜、胜乐败罚的精神，具有娱乐竞技与健身益智作用。在20世纪五六十年代，山西永和农村在从腊月到正月近两个月的农闲时间内，几乎天天进行打瓦游戏，围观者甚多，叫喊声不断，一片盛况。

在受游牧文化影响的晋北地区，存在着与农耕经济不同的传统体育项目。北方游牧民族具有粗犷强劲和骁勇善战的特点，富于流动性，同时善于吸取从远方带来的异域文化。如晋北地区的射箭、忻州挠羊赛以及阳泉跑马排等都与游牧民族生活密切相关。人们依据自身所处的地域环境，在张弛有度的生活生产节律下，利用劳动间隙因地制宜地创造着满足美好生活需求的传统体育项目。

综上可知，人类身体实践活动在漫长的发展演变过程中渐渐地从生产活动中脱离出来，经过一系列的规范化、游戏化、娱乐化的改造，成为人们日常生活中喜闻乐见的并用于缓解农耕劳作疲劳的特殊性的体育手段。所以说，以身体基本技能为手段的物质生产实践是民族传统体育项目产生、发展的物质基础和内在动力。

二、源于军事战争的需要

原始社会经历了原始人群和氏族公社两个时期，氏族公社又经历了母系氏族公社和父系氏族公社两个阶段。在阶级社会产生以前，我国原始社会先是以原始群居为主，然后逐渐发展成氏族公社，随后发展成为部落，最终它们都是以血缘关系为纽带联系起来的。在这漫长的历史发展过程中，人类表现出鲜明的集体特性，以群体而居，共同采集狩猎食物，实行同耕同食，遵守原始的共产制度。

随着父系氏族公社的确立，生产力不断提高，人类开始有地域意识和部落意识。每个部落有名称、语言、生活习俗和生存区域。部落形成后，就成为一个利益共同体，为了尽可能扩大领地和部落的利益，部落之间开始有了利益冲突，进而发展为战争。为了提高战斗力，他们将产生于生产劳动的体育技能运用于战斗，促使生产工具和技能转化为兵器和军事战斗技能，同时军事战斗力的进一步提升也促进了赛马、射箭、摔跤、投掷类项目、传统武术等具有军事功能的民族传统体育项目的发展。

以弓箭为例，弓箭是人类使用历史最悠久的远射性工具和兵器。最早的弓箭既是狩猎工具，又是战争武器。关于射箭，在浩瀚的文献典籍中有丰富的记载。如《山海经》曰："少皞生般，般是始为弓矢。"《淮南子》曰："射者杆乌号之弓，弯棋卫之箭。"意思是古人受树枝弹射的启发，用柘木做弓，来弹击乌鸦，命名为"乌号"。关于弓箭运用于军事的文献记载，《易经》载"弦木为弧，剡木为矢，弧矢之利，以威天下"。古人认识到制作弓箭的方法，并认为以弓箭之利，可以征服天下。随着弓箭的广泛运用，有了"射"的概念，周代将射箭作为"六艺"的教育内容之一。

晋北地区是我国射箭运动的重要发源地之一。晋北地区的峙峪遗址是旧石器时代遗址中最早发现镞的地点，可以印证山西地区箭镞的广泛使用。春秋末年，韩、赵、魏三家分晋，赵国赵武灵王进行"胡服骑射"的革新运动，改革弓箭的形式，使射箭用于战争的形式更加完备，极大提高了军事实力。西晋末年，时局混乱，北魏鲜卑族拓跋部南下，入主中原，定都于平城(今山西大同)，将骑射之风融入山西文化，并建立了提高军事战争实力的"奖杯制"，极大促进了山西地区射箭文化的发展。

恩格斯认为，弓箭对于蒙昧时代，就好像铁剑对于野蛮时代及火器对于文明时代一样，是决定性的武器。可见，射箭在军事战争史上有着举足轻重的地位。当然，除射箭外，摔跤、传统武术、枪术、骑马等都是在军事战争演变过程中催生的重要体育活动。这些民族传统体育项目都是从单纯的生存需要到助推战争的主动力武器，而战争的需求又反过来推动了传统体育的竞技、健身、娱乐等功能的发展。可以说，民族传统体育发展史是我国军事战争发展史的一个缩影。

三、源于原始信仰崇拜的需要

原始信仰是指远古时代原始社会中的宗教信仰，主要有自然崇拜、万物有灵信仰、祖先崇拜及图腾崇拜等，以及祈祷、巫术、禁忌、祭祀等宗教行为，而这些宗教行为大多是采用歌舞的形式。如山西太原市风火流星，就是将武术中流星锤与社火相结合，产生出惊险刺激的视觉效果，它具有强身健体、丰富群众文化生活的作用。它以“快速旋转、火星四溅”为运动方式，形成各种“火”图案，寓意将不详之物扫地出门，保佑家人健康。

在人类原始宗教信仰中，祭祀活动是人类日常生活世界和超自然领域联系得最为紧密、最为普遍的方面，无论是在依靠捕猎或采集的社会中，还是在初级农耕劳作的农业社会里，人们都要为一年风调雨顺、无病无灾，生活收获上硕果累累、满载而归的愿望举行仪式。因此，先人们通过绝技表演、习俗活动等方式来表达对美好生活的向往。如尉村跑鼓车在清明节时期开展具有禳灾的意义，其感官类符号画鼓、二龙戏珠、红绶带、对联等具有禳灾的文化功效，希望通过“鼓”的仪式祈雨、祈福、禳灾等。

原始信仰的活动与人类寻求心灵的慰藉或解脱有紧密的关系，是人类群体的一种情感表达方式，在集体意识的作用下被文化群体传播传承。随着时代的进步，人类有意识地改造这些表达情感的祭祀、祭礼等仪式活动而逐渐使之演变为人们所喜闻乐见的民族传统体育项目。

四、源于经济活动的需要

在自给自足的自然经济时代，因忙于事务，人们只有在民俗节日里才得以相聚，如定期举办的集市庙会。许多庙会集购物、贸易、社交、娱乐等多功能于一身，因此，常在寺庙附近举行传统体育表演类的活动。这种经济交往的形式也催生了许多民族传统体育项目，如在山西晋商文化影响下繁荣发展的传统武术。明清时期山西晋中出现了一批以商品贸易、盐业经营等为主要经营范围的特殊群体——晋商。随着晋商群体的不断壮大，其产业贸易遍及全国，现在的乔家大院、三多堂、日升昌票号就是晋商文化繁荣的历史见证。伴随着晋商力量的壮大，山西传统武术文化现象也随之产生，并在这一时期达到发展的顶峰。其主要原因是随着晋商贸易规模的扩大，商家花重金聘请武艺高强的人来保障贸易的安全，这就使得全国各地的武林高手会聚山西，并带动了镖局业的发展。晋商经济交易的过程，促进了传统武术文化的交流，名师拜访与技艺切磋成为山西传统武术发展的最大驱动力。此时期，在晋商文化的推动下，诞生了大量的新拳种、武术著作、武术名家，如形意拳大师李洛能、绵拳传人左昌德、神枪面王王正卿、戴氏心意拳创始人戴龙邦、形意泰斗车毅斋等。晋商及镖局繁荣的现象为山西传统武术发展提供了坚实的物质保障和理论支持，使山西太谷和祁县分别成为知名拳术形意拳和心意拳的发源地，被冠以“武术之乡”的美誉，这也是山西民族传统体育项目中传统武术占据半壁江山的原因所在。

第二章

山西民族传统体育的特点与价值

第一节

山西民族传统体育的特点

我国民族传统体育在发展的历史长河中，受到不断发展的历史条件和自然地理条件的影响，56个民族的传统体育项目都有自己民族的独特之处，并表现出鲜明的特点。特点是对概念的具体化描述，要论述这些特点，需要从其内在精神和价值取向方面来进一步揭示其反映的文化形态。山西民族传统体育的主要特点为民族性、传承性、地域性、娱乐性。

一、民族性

人在创造文化的同时会被文化形塑，同时也创造了民族。一个民族和它的文化在漫长的发展过程中会形成自己独特的文化传统。所形成的独特文化传统主要有两个方面：一方面体现在本民族全体成员都有的特质上，另一方面体现为与其他民族有不同之处。所以我们说文化都是民族的，文化具有相应的民族性，同时民族又是文化的载体。概而言之，民族性是中国传统文化最为显著的特征之一。我国民族众多，呈“大杂居、小聚居”分布之态。由于不同民族人民创造文化时所处的自然环境、生活条件、行为方式等不同，各民族的文化具有显著的特征差异，这些差异体现在物质生活、制度文化、语言和思维、行为方式、民族精神等方方面面。因此，任何一个民族都具有自己独特的文化。这些相对稳定的具有民族特性的文化毫无例外地蕴含在民族传统体育中并以身体化的具象形式展现出来，使其不仅是身体技艺、身心愉悦的展现，更重要的是蕴含着不同民族的价值观念、审美情趣、思维方式，是民族心态在文化层面的体现。可以说，民族传统体育是不同民族社会生活的综合反映，是一个民族的群体品格，具有鲜明的民族特性。即使是相同的项目，也因其民族特色而各不相同。如赛马项目是蒙古族、藏族、彝族、维吾尔族、哈萨克族、水族、苗族等少数民族的体育项目。而山西民族传统体育项目——跑马排，是当时的唐军信使传递信息的一种特有的方式和方法，后来慢慢演变成了当地的一种民俗娱乐活动。在跑马排比赛时，不用马鞍和脚蹬，骑着裸马在古驿道上击鼓鸣金，惊险刺激，精彩程度不亚于西班牙斗牛。其与哈萨克族的姑娘追、蒙古族骑马、藏族骑马等其他民族的赛马形式风格迥异，体现出了山西地域的民族特色。

我们的民族文化不是一成不变的，而是生生不息的。我国民族传统体育项目是先辈传承下来的丰厚遗产，许多项目的形态和形式仍保持着原始的规律，没有太大的变化，一方面体现的是各民族对祖先文化的崇拜和敬仰，另一方面是在长期的民族文化的耳濡目染的文化空间下形成了对本民族的文化认同。也正是由于民族传统体育具有独特的民族性，本民族人民在体育的实践活动中会产生强烈的民族自豪感，使民族传统体育成为培养民族认同感和民族精神的有效形式。在新时代，我们要紧扣时代脉搏，紧跟时代步伐，积极践行社会主义核心价值观，厚植我国民族传统体育的文化底蕴，使得民众在实践传承中获得参与感、认同感、自豪感，探寻民族传统体育文化交往交流交融的实现路径，来进一步加强民族团结和促进社会稳定，铸牢中华民族共同体意识。

二、传承性

理查德·道金斯在《自私的基因》中说过："由于文化的出现，我们的人生的终极任务，将不只是繁殖，还有文化的创造和传承。"传统文化具有传承性，主要体现在行为准则、价值观念和思维方式等方面。传统文化的这些特点也对现代社会产生着影响，为现代社会文化的不断创新提供一定的历史根据和现实基础。所以说传承性是传统文化延续的根本，是其在生生不息、世代更迭的历史流变中形成的具有规律性的文化特征。任何文化都具有传承性，但并不是所有的文化都可被传承，其必须具有被后代认可的重要价值和意义，且后代愿意传承。而正是由于后代在传承中获得了价值满足，从而赋予了传统文化传承性。民族传统体育是中华优秀传统文化的重要载体，流传至今，具有被后代认可的重要价值和意义，具有自身的惯性和自身活动的规律性，以及在历史发展的长河中体现出的顽强的传承性。从民族传统体育的传承时空特征来看，其一，民族传统体育文化具有在时间上传衍生息的连续性，即纵向维度上的历时性；其二，民族传统体育文化具有在空间上伸展的蔓延性，即横向传播性。如山西传统武术形意拳，历史悠久，流传至今，深受各民族的喜爱，其历时纵向地传承着先民保家卫国、拼搏进取的民族精神和理念。在新时代背景下，传统武术逐渐向现代化、体育化、正规化转型，从传统师徒、宗族向学校、社会群体发展，打破传统文化的束缚，向世界各地传播，成为国际性民族传统体育项目。

山西非物质文化遗产项目种类繁多，且都是传承较好、民众喜闻乐见的优秀项目，其传承过程是一种以“人”为载体，通过口传心授的方式进行，以达到代与代、人与人精神交流和文化传递的实践过程。其主要传承方式有家族传承和群体传承。家族传承主要有家传和师传，是一种以血缘关系或类血缘关系为纽带建立起来的父子或师徒之间进行传授的方式。其在传统武术项目上表现尤为突出，如师傅在确定传承人时，要对徒弟的道德品质、身体条件、技艺水平等进行长时间的考察。如戴氏心意拳创始后，极少外传，其中一个原因是戴氏心意拳简单易学，但技击威力强大。祁县有俗语曰“太极十年不出门，心意一年打死人”，所以师傅在择徒授徒的时候有严格的德行要求。

我国众多民族传统体育项目在传统节庆中举行和传承，这是一种群体性传承方式。可以说，民俗节庆是承载民族传统体育文化、赓续历史文脉的重要形式，如端午节的龙舟竞渡、三月三的壮族抢花炮、重阳节的登高活动、社巴节的土家族毛古斯、春节的舞龙舞狮等。在山西民族传统节庆中也常开展丰富的体育活动，如端午节举行沁县龙舟赛、元宵节举行跑马排、清明节举行跑鼓车等，其间各村人积极参与其中。只有大量的人积极参与这一过程，传统体育的传承者以及重大事件的亲身经历者才能将共同的文化记忆凝聚成全社会成员的文化认同和集体记忆，才能使得民族传统体育在节庆活动中生生不息地传承。民族传统体育的传统节日是连接村寨、个体、族群、家庭和社会的纽带，具有强大的聚合作用，为社会交往活动和人群聚合提供了重要的契机。

人类是文化的创造者、传承者和享用者，同时又是文化的天然载体。没有人的承载与传承，民族传统体育文化不复存在，也就不存在传承。自中华人民共和国成立以来，我国民族传统体育文化保护经历了文化普查、抢救濒危、重点保护、机制建设这四个阶段，民族传统体育文化传承成为提升区域经济发展水平、促进全民健身、展示国家形象等文化软实力的重要手段。但在全球化、现代化的浪潮下，民族传统体育文化的传承受到了极大的威胁和挑战。特别是我国进入中国式现代化发展阶段，民族传统体育如何拓展传承空间、提升传承成效，促进民族传统体育的现代化传承，维系好民族传统体育生存与发展的“生命线”，是人们应重点研究的领域。

三、地域性

显著的地域特点对中国文化多样性的影响是非常显著的，我国不同的物质条件和地理环境促使人们形成了不同的思想观念和生活方式。正是各民族在地理环境、自然条件、生存方式等方面存在着较大的差异，才形成各具特色的地域文化。我们说的地域文化主要是指在一定文化空间边界内的特定人群所具有的思维模式和行为模式的总称。由于生活在不同的地域，人们的行为模式、价值观、思维模式和审美情趣等有所不同，不同的民族或群体面对相同的环境就会采取不同的适应方式，而民族传统体育的地域性正是人们适应本土地域文化的体现。因此，地域性是民族传统体育的显著特征之一。

从中国文化植根的经济基础来看，中国社会长期存在农耕民族与游牧民族的对垒与融合，在农耕民族影响下形成的民族传统体育项目，如踢房子、跳绳、丢沙包、踢毽子、扭秧歌、滚铁环、打陀螺、抖空竹、秋千、拔河、舞龙、舞狮等，体现了精耕细作、自给自足的小农经济特点，体现出人们柔和、灵巧、富于想象的行为特点。而在我国内蒙古、新疆等西北地区，骁勇善战的游牧民族世代生存、繁衍生息着，世代“逐水草迁徙，毋城郭常处耕田之业”（《史记·匈奴列传》），依靠畜牧、狩猎为生。在这种往来迁徙过程中形成了像赛马、叼羊、射箭、射弩、摔跤、狩猎、套马、姑娘追、马上摔跤、达瓦孜、赛牦牛、布鲁等民族传统体育项目，体现了人们骁勇善战、彪悍勇猛的行为特性。

受南北地域、东西地域地理特征的影响，我国产生了具有不同地域特色的民族传统体育项目。由于北方地形平坦、天高地阔，气候干旱、降水少，人们的性格浑朴桀骜、洒脱豪爽；南方山环水绕，江河众多，气候温和，人们性格柔和、灵巧，富于想象。一方水土养育一方人，南北地域的差异产生了具有不同地域特色的民族传统体育项目，历来就有“南人善舟、北人善骑”的说法，故南方产生了龙舟竞渡、独竹漂、划竹排、打水枪等众多水上项目。如在端午节时，南方常举行划龙舟比赛。而在北方则产生了赛马、摔跤、射箭等具有地域特色且容易开展的传统体育项目。

此外，南北方人们身体形态、性格特征不同，使得南北方传统体育存在差异。在传统武术方面，素有“南拳北腿、东枪西棍”的说法。由于南方人的身体形态、性格温和的特征，人们擅长以拳为主、腿为辅的拳术，如南拳、咏春等拳术；而北方恰与之相反，擅长以腿为主、拳为辅的拳术，如十二路弹腿、戳脚、螳螂拳等。

对地域文化的空间判别，是认定文化区域的基本过程。从地域文化的角度来看山西民族传统体育文化，其呈现出多元文化融合的状态。孟林盛在学位论文《三晋传统体育文化研究》中采用“生计方式”与“历史文化区”相结合的方式，将山西民族传统体育分为三类：农耕与游牧民族融合区——晋北体育文化区域、农耕与晋商融合文化区——晋中体育文化区域、传统农耕文化区——晋南体育文化区域。由于晋北、晋中和晋南地理环境和社会文化的差异，这三个区域的民族传统体育项目也呈现出地域文化的特色。如晋北地区受农耕文化和游牧文化的双重影响，形成了有游牧文化特色的晋北射箭、忻州挠羊赛，和有农耕文化特色的朔县儿童游艺、秧歌及龙形拳、大成拳等项目。深受晋商文化影响的传统武术项目，占据晋中地区传统体育项目的半壁江山。晋南地区地处中原黄河流域、黄土高原腹地，在农耕文化影响下，晋南体育文化呈现出鲜明的农耕文化特色，如动物棋、打瓦游戏、高跷、永济飞狮、河东风筝、流星锤等。

在社会文化变迁过程中，民族传统体育从内容到结构、模式、风格并未发生质的改变，反而表现出了强大的适应性，呈现出千姿百态、丰富多彩的状态。从一定意义上来讲，这是地理环境所决定的，恰好也体现了地域性的特点。

四、娱乐性

约翰·赫伊津哈在《游戏的人：文化中游戏成分的研究》中指出：“初始阶段的文明是游戏的文明，在游戏成分或缺的情况下，真正的文明是不可能存在的。”自旧石器时代中后期起，人类就开始用舞蹈来表达愉悦的心情，或用于闲暇消遣。《尚书》中有关于史前先民狩猎和跳舞的描绘，如“击石拊石，百兽率舞”“萧韶九成，凤凰来仪”“鸟兽跄跄”等。这些记载都生动地展现了先民们用舞蹈欢娱的场景。这说明趣味性的游戏或运动在人类文明、日常生活中都占据了极为重要的地位。

纵观民族传统体育发展的历史，其中大多数项目是用来表达获得劳动成果的愉快心情，同时表达对上天的恩赐和庇佑的感恩。如扭秧歌是具有代表性的一种汉族民间舞蹈形式，是第一批国家级非物质文化遗产，主要流行于我国北方地区，根据其地域文化特色不同，分为陕北秧歌、晋北秧歌、东北秧歌、河南秧歌、河北秧歌、山东胶州秧歌和鼓子秧歌等。逢年过节、谷物丰收的时候，民间都会组织秧歌队比歌赛舞，热闹非凡，以表达丰收的喜悦之情和团结友爱的民族之情。如山西汾阳地秧歌、祁太秧歌，传说是中国农民在从事集体的农作劳动时，为了统一动作、减轻疲劳、提高速度而集体创作出来的。因此，各民族将愉快舒畅的心情融入民族传统体育活动，通过载歌载舞的形式进行表达，为民族节庆活动增加了喜庆色彩。另外，随着民族地区生态文化空间的形成与发展，民族传统体育项目也成为民间开展约定俗成的节庆活动的重要内容，以此来表达人们的愉悦心情。如在山西，每到庙会就会举行挠羊赛，端午节举行龙舟赛，春节举行舞龙舞狮活动等。这些娱乐性体育活动不仅超越了单纯的生理活动和心理活动的范畴，还体现了人们对民族文化的认同。

总之，民族传统体育不仅具有“娱人”的作用，还能让人们通过亲身参与的形式来表达自己的情感，增强了民族的凝聚力。新发展阶段民族传统体育式微，我们应对其娱乐的功能进行充分的利用，实现创新性发展和创造性转化，提高传承的成效，满足人民日益增长的美好生活需要。

第二节

山西民族传统体育的价值

民族传统体育作为一种文化形态，是随着时代的变迁而发展、丰富和充实的，并在长期发展过程中对政治、经济、教育、文化、社会等方面产生了深远的影响，发挥着重要的作用。其价值主要表现在健体修身、文化传承、人文教化、民族凝聚、精神激励、整合创新等方面。

一、健体修身的价值

约翰·赫伊津哈认为："游戏对健康的意义重大，如果一个人或一个社会没有游戏，就等于堕入了无意识的、行尸走肉般的晕迷状态。"健身性和娱乐性是民族传统体育的基本特性，民族传统体育中的娱乐性成分与约翰·赫伊津哈所说的"游戏"有相同的意义和内涵。山西人民也正是在参与体育活动过程中享受乐趣，增强体质，修身养性，进而塑造内在气质。如山西杨氏太极拳、形意拳等注重内外双修，形意拳的"劈、钻、崩、炮、横"对应着五脏的"肺、肾、肝、心、脾"，练习形意拳能够健身治病；另外，射箭、风筝、永济飞狮、跑鼓车、动物棋、打瓦游戏等消遣娱乐体育项目都具有陶冶情操、磨炼意志、健身娱心的功能。另外，我国传统体育养生项目是以中国哲学、中医理论为基础产生的，如五禽戏、易筋经、养生导引术、八段锦以及山西运城市吕洞宾调息散步法、芮城内经图法、易筋通脊功等，都是以道家养生思想和中医理论为基础创造出的养生治病的身体功法。其主要是通过意念的感应、呼吸方式的改变以及身体姿态的调整等来提升身心健康素质，通过对习惯的改变，激发人体的内在潜力，最终达到增强体质、预防疾病、延年益寿的目的。在新时代深入实施健康中国战略和全民健身国家战略背景下，应加快推进传统体育养生项目融入全民健身公共服务体系，充分发挥民族传统体育在提高人民健康水平、促进人的全面发展、展示文化软实力等方面的功能和价值。

二、文化传承的价值

民族传统体育是中华优秀传统文化的重要载体，其承载着民族精神、思维方式、价值观念、文化品性等内涵，在新时代依然具有重要的传承价值。人们通过参与民族传统体育运动，通过身体实践和感悟将该民族所隐含的精湛技艺、道德礼仪、制度习俗以及精神价值等进行有效传承，同时在传承过程中也形成了对民族传统体育文化的参与感、获得感、认同感，从而达到传承民族文化的目的。如山西名拳形意拳，通过习练我们可以体验“劈、崩、钻、炮、横”的五拳技术，“金、木、水、火、土”五行文化以及“龙、虎、猴、马、鼍、鸡、燕、鹞、鲐、蛇、鹰、熊”十二形的防御技术，传承形意拳的攻防之理、健身之理，弘扬形意拳名家的英勇故事、爱国精神。再如山西忻州盛行的挠羊赛，角抵斗胜者连续摔倒六个人之后，奖给祭祀神灵的活羊一只。获胜者将羊高高举起，绕场一周，向“神灵”表达敬意，向观众致以谢意，民间因此有挠羊赛之称。在近 800 多年的历史中，忻州挠羊赛文化通过庙会等传统节日传承至今，促进群众对山西传统文化的传承与交流，再现忻州本地的人文特点、文化图画和历史画卷。

因此，在推进文化自信自强、铸就社会主义文化新辉煌的进程中，应激发山西民族传统体育的文化创新创造活力，挖掘其蕴含的文化精髓，坚持本土化的守正和与时俱进的创新，促进传统体育优秀文化的创新性发展、创造性转化，传承中华优秀传统文化，强化民族传统体育文化的传承功能，不断提升山西文化软实力和中华文化的影响力。

三、人文教化的价值

教化是指教育和感化。教育是民族传统体育发展的最大推动力，教育使民族传统体育能呈现出多姿多彩、琳琅满目的景象。教育是文化的组成部分，在民族传统体育文化活动传承过程中，其参与主体都会受其蕴含的文化内涵、养生修身、趣味娱乐、道德教化功能等潜移默化的影响，而产生民族自豪感，形成文化认同。如形意拳以血缘关系为纽带，以“人”为活态的口传身授的师徒制传承方式，在学习过程中，其行为方式、思想观念、价值取向以及道德品质等都会受师傅的影响而被潜移默化地教化，这使得山西诞生了像李洛能、车毅斋、宋世荣等教化相承的武术名师。

民族传统体育教化的场域主要是在学校领域，早在西周时，“礼、乐、射、御、书、数”六艺就成为学校教授的内容，其中“乐、射、御”中均蕴含着与体育相关的内容。其后每个朝代都有相关的体育制度，如唐代的“武举制”、宋代“武学”、明代“武备”课堂、清代的官办武学，以及近代以来武术正式进入学校体育领域。现如今山西各级政府积极推进传统体育非物质文化遗产进校园，通过传统传承方式和现代教育体系，激发教化活力，提高人民群众对非遗的认同感、参与感、获得感，发挥传统体育服务当代、造福人民的作用。

教化是体育作为文化的本质属性，其过程包括“人化”和“化人”两个方面，发挥传统体育人文教化功能，有助于促进对体育功能的认知和开发。民族传统体育是个体社会化和文化传承教化的有效途径，我们都应怀揣着对民族的自豪感和文化自觉的意识积极参与传统体育活动，使自己能在焦虑、浮躁的现代社会中寻找一片净土，让自己的心灵能得到净化和升华，进而潜移默化地教化附近的人。因此，新时代背景下应充分发挥传统体育的教化功能，汲取民族传统体育的精神滋养和实践智慧，加强社会主义核心价值观教育引导，使民族传统体育成为传递人文精神、培养人文意识、延续人文价值的重要载体。

四、民族凝聚的价值

民族传统体育的一个重要功能，是民族凝聚的功能。民族凝聚力是一种思想整合的力量，是统摄人心、团结族类的精神纽带。其不仅是对民族技艺、民族特色的展现，更是将民族文化精神上升为民族凝聚力，使其凝为一体，为民族整体利益和长远利益整合提供内生动力。如山西武术英雄人物——卫青，在抗击匈奴屡遭失利的情况下，依然骁勇善战，屡立战功，鼓励士兵紧紧凝聚在一起，其抗击匈奴精神是对尚武精神的极度展现，是民族精神凝聚的最有力例证。

中国传统体育项目中有很多是以“集体性”为演练方式的。如舞龙、舞狮、拔河、跑鼓车、龙舟竞渡等项目，都是中华民族伟大创造力和高度凝聚力的象征，在比赛时集体成员之间必须互相激励、团结一致，才能获得好成绩。

“龙”是中华民族的象征，中国各民族都展现着对“龙图腾”的崇拜。如端午节的“龙舟竞渡”活动，不仅是民间节日吉庆的娱乐活动，更是将纪念屈原的爱国精神上升为中华民族大团结的一种象征。这种民族凝聚力是中华民族精神的内核、身份象征，在当代社会具有不可磨灭的价值。特别是在中国式现代化进程中，党和国家承担着实现中华民族伟大复兴的历史重任。民族传统体育作为提高人民健康水平，促进社会进步的重要手段，是弘扬体育精神，凝聚民族复兴的强大力量。因此，应通过对民族传统体育功能的彰显，构建民族文化认同的共同体，加强民族团结和睦，增强民族文化的记忆，促进民族文化自觉提升，最终以民族传统体育的“文化力量”铸牢中华民族共同体意识，让中华体育精神为强国建设、民族复兴凝聚磅礴力量。

五、精神激励价值

中华体育精神是中国体育的核心和精髓，是集华夏儿女思想之精华而在体育领域中形成的具有重要意义的一系列价值观念、思维方式和精神特质。民族传统体育是孕育民族精神的重要源泉，是具有中国特色的民族优秀文化传统。习近平总书记指出：“精神是一个民族赖以长久生存的灵魂，唯有精神上达到一定的高度，这个民族才能在历史的洪流中屹立不倒、奋勇向前。”民族传统体育之所以能在历史淘沙中屹立生存，正是其蕴含并体现出中华民族的强大精神力量。

“人无精神则不立，国无精神则不强。”民族传统体育的精神激励功能有多维度的价值指向，在促进个体的全面发展、助力民族振兴、引领社会价值观念以及筑牢强国梦等方面具有重要的导向作用。从国家和民族层面来看，民族传统体育具有凝聚民族共识、助力强国建设的关键作用。如全国少数民族传统体育运动会自 1953 年在天津举行以来，每四年举行一次，目前已经举行了十几届。该赛事展现了各族人民的凝聚力、向心力、自信力，激发了民族情感，振奋了民族精神，对民族的振兴具有一定的助力作用，对文化的自信自强具有重要的作用，为中华民族伟大复兴提供精神力量，为中华民族精神的积淀和体育强国梦的探索提供宝贵经验。从个人层面上来看，每一位英雄模范、运动健儿的顽强拼搏、不畏挫折、奋勇争先的精神品质，都潜移默化地熏陶、感染着每一位中国人。如山西忠义武圣关羽、一门忠烈杨家将，他们用“武艺”诠释了“尚武精神”的价值和意义，展示了爱国精神和民族精神。他们的英勇事迹流芳百世，至今都影响着山西民族传统体育的发展，成为山西人民塑造人格、激发爱国情怀的重要典范。总之，民族传统体育作为中华优秀传统文化的载体，是承载着中华民族体育精神的文化符号。在以中国式现代化全面推进中华民族伟大复兴的中国特色道路上，应成为民族传统体育弘扬民族精神的重要手段，以社会主义核心价值观为导向，培育新时代人才，引领社会风尚，不断增强中华民族的凝聚力和向心力，激励国人“胸怀大局”，为实现中华民族伟大复兴“迎难而上”。

六、整合创新的价值

费孝通先生提出了“中华民族多元一体格局”的思想。他将中华民族作为一个自觉的民族实体，认为各民族单元相对分散孤立，只有在经过文化的交往、交流、交融后，才能形成一个各具特色的“多元一体”的分布格局。传统社会时期，由于地理环境的分隔，各民族各自发展着他们的文化，并反映着不同的价值观念，彼此之间不能等同替代。但汉族在形成以后就产生了一个具有凝聚力的核心，在大量吸收其他各民族的文化成分时，也给其他民族输入了新的文化血液。在经历民族间不断的文化交往交流交融、杂居、混合和融合后，文化具有了强大的整合力、凝聚力、创新力。因此可以说，中华民族文化具有整合创新的功能。

山西民族传统体育也呈现“多元一体”的文化格局。如受晋商文化影响的传统武术(形意拳、通背缠拳、大成拳、傅山拳法等)中，形意拳强调“直线式”发力，通背缠拳强调“缠绕”，各拳种的技术特征、技法特点、表现形式等风格迥异，表现出各自的地域特色，反映着不同的价值观念。郭志禹教授关于地域武术文化的研究，根据中国“地域文化”的划分标准，将中国武术文化分为“秦晋武术”“燕赵武术”“秦陇武术”“荆楚武术”“巴蜀武术”“齐鲁武术”“吴越武术”“滇黔武术”等。这些文化现象均体现着传统武术文化多元性特性。但这些风格各异的地域武术，都是在中国儒、道、佛等传统文化浸染下形成与发展的，几乎都蕴含着相同的奋进精神和中华一体的文化认同意识。正是在这种精神与意识的烛照下，多元的地域武术文化在相互影响、相互交融过程中又相互渗透，彼此兼容，整合创新出相同技击思维、武德思想以及自强不息的民族精神。因此，可以说，中国传统体育文化整合创新的功能，塑造了民族传统体育多元一体的文化体系。

中国文化基本精神具有整合创新的功能，要铸牢中华民族共同体意识，促进各民族交往交流交融。文化认同是最深层次的认同，是民族团结的根脉。因此，新时代背景下，应强化民族传统体育文化的主体性，发挥民族传统体育文化认同在凝聚整合多元价值方面的重要作用，积极践行社会主义核心价值观，传承优秀传统体育文化，共建中华民族共有精神家园，铸牢中华民族共同体意识。

第三节

山西民族传统体育对山西文化发展的价值

习近平总书记在党的二十大报告中指出："全面建设社会主义现代化国家，必须坚持中国特色社会主义文化发展道路，增强文化自信。"在中国式现代化全面推进中华民族伟大复兴道路中，体育事业作为中国特色社会主义事业的重要组成，已经成为助推中华民族伟大复兴的标志性事业。现阶段山西全省应坚定文化自信自强，充分抓住新发展阶段的山西省民族传统体育快速发展的态势和群众对健康健身、休闲娱乐的需求，结合国家、地方各级政府政策对体育发展的保障，传承山西民族传统体育文化，发挥山西民族传统体育对山西文化的赋能作用，推进文化培根铸魂，满足人民日益增长的美好生活需要。

一、文化构筑：助力山西文化弘扬，提升文化凝聚力

要推进山西民族传统体育文化的自信自强，不断提升山西特有文化的自信力和竞争力。所谓文化自信是国家和民族对自己的传统文化所表现出的信任、热爱、尊崇和认同；其也是整个社会发展的内生动力，是坚定社会价值信念，展现民族精神志气的强大力量。党的二十大报告关于文化的重要论述，提出了从"自信"到"自信自强"的话语转变，并调整了话语内容。山西是历史文化遗产资源大省，不仅有尧舜文化、关公忠义文化、晋商诚信文化等优秀传统文化，更有不畏风险的英雄文化的跑马排、边地城堡文化的跑鼓车以及展现力与美的戍边文化的挠羊赛。我们不仅要把这些民族传统体育项目保护起来，更要让它们"活起来"，深入挖掘山西优秀传统体育文化资源，阐释其内在价值和蕴涵，不断推动优秀传统体育文化的创新和转化，把其蕴含的道德理念、价值标准、思维方式以及审美风范转化为山西人民的价值追求和行为导向。积极构建山西

民族传统体育文化发展体系，打造富有民族特色和时代意义的山西传统体育文化品牌，并把它推向世界、发扬光大。只有让中华优秀传统体育文化在新时代焕发光彩，让山西丰富的传统体育文化蕴含的文化资源转化为具有强劲竞争力的文化名片，才能使山西从资源大省转化为资源强省，进而助力于文化强省建设，提高山西文化竞争力，让山西优秀体育文化走向现代化发展的道路。

山西民族传统体育文化对加强山西文化认同力与凝聚力，唤醒文化记忆，铸牢中华民族共同体意识具有重要的精神价值。文化记忆是再现现实意义的“文化遗留物”，具有“凝聚性”的价值和功能，将每个民族的经验与回忆等文化内涵内刻于心，并以一种特定的形式赓续传承。

通过在固定节日、民俗活动中举办民族传统体育活动，以固定的民族仪式、身体的艺术展现对历史场景的再现和追忆，这都是唤醒民族文化记忆的特定手段。如忻州、原平地带固定举办挠羊赛等赛事活动，展现着力与美的缔造，推动着群众性体育运动的蓬勃发展，已然深入忻州人的血液与骨髓。这些民族传统体育项目是当地人引以为豪的精神载体和依托，是文化记忆的产物，是一个民族凝聚和身份认同的基石。2019 年 9 月习近平在全国民族团结进步表彰大会上强调：“要以铸牢中华民族共同体意识为主线……推动中华民族走向包容性更强、凝聚力更大的命运共同体。”面对日趋复杂严峻的国际形势，境外敌对分子破坏民族团结的方式手段花样百出。从此角度来看，弘扬和发展山西民族传统体育文化，既是复兴山西传统文化的需要，也是增强中华民族文化的认同、增强各族人民的凝聚力、应对国际复杂形势风险挑战的重要抓手，还是建设文化强省、实施文化强国战略的需要，更是铸牢中华民族共同体意识的力量源泉。

二、以文惠民：助力山西公共文化服务体系建设

随着新时代社会主要矛盾的变化，人民对全方位、多样化、多层次的文化需求，对提升公共文化服务供给水平的要求显得更加迫切。《山西省“十四五”体育发展规划》指出，人民群众日益增长的多元化体育需求与体育资源和服务有效供给不足及体育公共服务不平衡问题，仍然是本省体育发展中存在的主要矛盾。新时代背景下文化已经成为衡量人民美好生活的重要事项，山西民族传统体育作为山西文化的传承与赓续的重要载体，更是肩负着山西公共文化服务

体系建设的重要使命。因此，我们应充分发挥山西民族传统体育的文化性、趣味性、多样性优势，助力山西公共文化服务的有序开展，实现民族传统体育的传承与发展和公共文化建设互动共赢。

首先，山西民族传统体育的文化性在公共文化服务中具有润民价值。体育文化的价值不仅体现在以“技艺”为核心的非物质形态上，更是蕴含着中层和深层文化所折射出的精神内涵和人文意蕴。可通过组织民族传统体育活动来培养人民的健身意识、丰富人民的精神世界等，满足人民对精神文化生活的需求。如山西举办跤坛争霸赛、传统武术比赛等传统文化活动，将精彩纷呈的传统体育赛事升华为具有浓郁地域特色的文化品牌，凝聚和传播正能量，培育出特色鲜明、充满活力、全方位、深层次、多领域的体育文化，不断惠及民众，在润物细无声中提升山西民众参与体育活动的积极性，激发本土传统体育文化的活力和影响力，彰显山西民族传统体育文化在“润民”方面的核心价值。

其次，山西民族传统体育文化具有多样性，这种文化的多样性能够满足人民对多元化文化的需求，能够提升公共文化产品和服务的供给能力。随着互联网的普及，人们可通过新媒体等各种渠道接触到多姿多彩的传统文化活动，对多元文化的需求度逐渐增强。而由于文化资源供给不足、参与渠道受限等因素，很多农村地区公共文化服务产品内容不多，比较单一，所以这种情况不能满足不同群体对多层次和多元化的文化偏好需求。山西民族传统体育具有多样性、地域性、本土性的独特优势，省内各县市都有不同形式的传统体育项目，如武术类、养生类、竞技类、益智类等项目。这些项目可以针对不同地域和不同群体人们的文化需求，统筹做好区域民众公共文化服务供给，对乡村振兴战略具有一定的助力作用。另外，山西民族传统体育内容的融合性宽泛，在推动山西民族传统体育文化与旅游、教育、信息等产业融合发展的同时，可实现山西民族传统体育的文化再造。如“体育非遗+建筑”的博物馆建设、武术名人堂建设、“体育非遗+信息”的数字化、媒体化新业态等。这些融合发展的方式，对丰富山西人民精神文化生活，满足山西民众对多元化、多层次文化产品需求，提供了多元化和多样性的选择，是推动山西公共体育文化服务体系建设和繁荣山西优秀传统文化的有效手段。

三、文化窗口：提升文化传播力，拓展山西文化传播

习近平总书记在党的二十大报告中指出："增强中华文明传播力影响力。坚守中华文化立场，提炼展示中华文明的精神标识和文化精髓，加快构建中国话语和中国叙事体系，讲好中国故事、传播好中国声音，展现可信、可爱、可敬的中国形象。"随着我国国际地位的提高，国家积极推进"一带一路"倡议，中华优秀传统文化在国际文化交往交流中展现了中华文明的独特魅力，而民族传统体育则成为传播民族文化的重要文化符号。特别是在孔子学院中开展的传统武术、龙舟竞渡、舞龙舞狮等项目给国际友人留下了深刻的印象和深远的影响。同样地，山西省体育非物质文化遗产项目也在国际交流传播中崭露头角，促进了山西文化的弘扬与交流，已经成为提升山西文化软实力，展现山西文化形象和中华文化形象的重要途径。如太谷县举办的第三届国际形意拳交流大会，有来自中国、美国、俄罗斯、新加坡、尼日利亚等的53支队伍参加了交流大会，不仅展现了形意拳文化的古朴风采，更是展现了山西尧舜、晋商文化的风采。因此，应利用好山西民族传统体育的文化符号，通过文化交流、赛事符号，讲好山西故事、传播好山西声音，提升山西文化的国际传播力，拓展山西文化的传播渠道，推动山西文化更好地走向世界。

第三章

山西省不同地区民族传统体育项目的特点

第一节

山西省不同区域划分的概况

山西因地处太行山以西而得名，历史上称为山右；唐、宋、汉时因为地处黄河之东，所以称为河东郡、河东道、河东路，故亦称“河东”；元代称“河东山西道”，是山西得名最早的时候；明代初期的时候，山西被称为“山西行中书省”，也称为“山西行省”或“山西省”；在清代改为山西省，一直沿用至今。

山西是典型的黄土广泛覆盖的山地高原，地势东北高西南低。山西境内大部分的地区海拔在1500米以上。它位于黄河中游东岸，华北平原西面的黄土高原上，与周围邻近省(区、市)的自然境界分明。山西省的东面依太行山，西面和南面依黄河、吕梁山，北面依古长城，与周围的河南、陕西、河北等省(区、市)为邻。山西省总面积15.67万平方千米，最北端在天镇县远头村北，最南端在芮城县南张村南，最东端在广灵县南坑村东，最西端在永济市长旺村西。

山西管辖的地级市有11个，有太原市、忻州市、晋中市、晋城市、阳泉市、长治市、临汾市、朔州市、吕梁市、大同市、运城市。截至2023年9月，全省辖26个市辖区，主要是太原市的晋源区、尖草坪区、小店区、迎泽区、杏花岭区、万柏林区，忻州市的忻府区，晋中市的榆次区、太谷区，晋城市的城区，阳泉市的郊区、矿区、城区，长治市的潞城区、屯留区、上党区、潞州区，临汾市的尧都区，朔州市的朔城区、平鲁区，吕梁市的离石区，大同市的新荣区、平城区、云州区、云冈区，运城市的盐湖区。山西省有古交市、高平市、怀仁市、介休市、永济市、河津市、原平市、侯马市、霍州市、孝义市、汾阳市11个县级市，有80个县，合计117个县级区划(如表3-1)。

2023年，山西省统计常住人口有3465.99万人。人口出生率为6.13‰；人口死亡率为8.38‰。2023年全省有文化馆129个，文化站1299个，体育场地121364个，大型体育场馆64个，体育健身场地44786个。

表 3-1　山西省县级区划表

	市辖区	县级市	县
太原市	晋源区、尖草坪区、小店区、迎泽区、杏花岭区、万柏林区	古交市	阳曲县、娄烦县、清徐县
忻州市	忻府区	原平市	五寨县、代县、岢岚县、定襄县、保德县、五台县、河曲县、繁峙县、宁武县、静乐县、神池县、偏关县
晋中市	榆次区、太谷区	介休市	榆社县、左权县、寿阳县、灵石县、祁县、平遥县、和顺县、昔阳县
晋城市	城区	高平市	阳城县、泽州县、沁水县、陵川县
阳泉市	郊区、矿区、城区	—	平定县、盂县
长治市	屯留区、潞州区、潞城区、上党区	—	平顺县、壶关县、黎城县、沁县、武乡县、长子县、沁源县、襄垣县
临汾市	尧都区	侯马市、霍州市	洪洞县、古县、吉县、浮山县、隰县、蒲县、曲沃县、乡宁县、翼城县、永和县、襄汾县、安泽县、大宁县、汾西县
朔州市	平鲁区、朔城区	怀仁市	山阴县、应县、右玉县
吕梁市	离石区	孝义市、汾阳市	交口县、临县、文水县、岚县、兴县、方山县、中阳县、交城县、柳林县、石楼县
大同市	新荣区、平城区、云州区、云冈区	—	阳高县、左云县、广灵县、天镇县、浑源县、灵丘县
运城市	盐湖区	永济市、河津市	垣曲县、夏县、绛县、临猗县、万荣县、闻喜县、新绛县、稷山县、平陆县、芮城县

山西省面积广阔，历史悠久，是黄河文化的重要发源地。在这片大地上孕育的民族传统体育项目也是风格迥异，丰富多彩。山西省按其行政区域划分为晋南、晋中和晋北三个区域(如表3-2)。

表3-2　山西省不同地区的划分

地区	地理位置	管辖城市
晋南	山西的西南地区和山西的东南地区	运城市、长治市、临汾市、晋城市
晋中	山西的中部地区	晋中市、吕梁市、阳泉市、太原市
晋北	山西的北部地区	忻州市、大同市、朔州市

第二节

晋南地区民族传统体育项目的特点

晋南地区的运城市、长治市、临汾市和晋城市都处于山西省的南部，这里地势平坦，以农耕为主，具有独特的人文民俗和丰富的历史文化。根据我国史书的记载以及学者的考察，上古尧、舜、禹时期生产生活的区域主要位于晋南地区，如尧曾建都平阳（现山西省襄汾县），之后舜建都于蒲坂（现山西省永济市），到了禹的时候，在安邑（现山西省运城市夏县）建立都城。中国历史上第一个奴隶社会王朝——夏诞生在这里。商灭夏后，晋南被并入冀州。

晋南地区民族传统体育项目以肌肉力量练习为主，这和当地的农事活动相关联。晋南地区处于中原黄河流域，地处盆地，气候温润，适合农业发展，当地人民勤劳勇敢，以农业生产为主。在民间形成了丰富多彩的民族传统体育项目，比如甩石子、拔河、河东社火、垣曲高跷、清河的舞龙舞狮、掰手腕等，同时还有洪洞的通背拳、翼城花鼓、临汾威风锣等一些民族传统体育项目，并且一些民族传统体育项目已经成为国家级非物质文化遗产。这些优秀的民族传统体育项目都是由黄土高原独特的地理环境孕育出来的。

目前在晋南地区的民族传统体育项目有119项，其中生产生活类有20余项，游戏类有49余项，社火表演类有50多项，主要有秧歌、舞狮、腰鼓、高跷、锣鼓、花鼓、抬阁、旱船、舞龙、麒麟舞、凤舞、蛤蚌舞、甩杆、扛杆、拾面杆、走马、推车、倒骑牛、跑羊羔、跑灯、灯舞独龙杠、竹马等。目前有一些民族传统体育项目处于消失的边缘，例如蛤蚌舞、霸王鞭、人熊舞、转灯等；还有一些民族传统体育项目被列为国家级非物质文化遗产，主要有晋南的威风锣鼓、天塔狮舞、永济的背冰亮膘、洪洞的通背拳、万荣抬阁、绛州鼓乐、尉村跑鼓车、翼城花鼓等项目。

民众热爱当地的民族传统体育项目。民众参加社火民俗体育的动机主要为传承民族文化、增进友谊、愉悦身心等。同时，晋南地区的一些民族传统体育项目也受到一些消极因素的影响，比如项目传承人的相继去世、政府投入的资金有限、当地青年对民族传统体育项目了解甚少等。

晋南地区重视益智类的民族传统体育项目，主要培养人们的心智技能。晋南地区益智娱乐类的传统体育文化与当地人民群众的生活密切相关，具有健心、益智、娱乐等功效。晋南地区能够培养人们心智技能的民族传统体育项目有丢手绢、滚铁环、拍皮球、跳皮筋、捉迷藏、打叠宝、拾枚、斗百草、翻花、跳格、三子棋等，这些传统体育项目能够培养民众的兴趣爱好、开发智力和锻炼身体。在人们劳动之余，这些益智类的体育项目能够作为体力活动的一种调节，有利于人的健康和长寿。但是近年来，我们的社会有了突飞猛进的发展，人民生活水平得到了很大的提高，农村的孩子逐渐去城镇读书，并且在现代的一些玩具、电脑和游戏等的影响下，一些体育类儿童游戏也逐渐被淡忘。

第三节

晋中地区民族传统体育项目的特点

晋中地区位于太原市东南方位，在地理位置上，南至韩信岭与临汾市为邻，北与忻州市云中山为邻，东依太行，西临汾河。晋中地区不仅有太行山和吕梁山等山脉，还有汾河常年冲击形成的平原，促使晋中地区的生产方式是农耕型，人们在肥沃的土地上祈求风调雨顺。同时精耕细作的农业生产方式对人们也提出了更高的要求，要求人们要有团结协作的精神。与节日庆典、宗教、团结精神相关的体育活动就非常受当地人们的欢迎，在这些民俗体育活动中，人们可以愉悦身心、沟通情感，满足自己精神文化生活的需要。

提到晋中，人们首先想到的是晋商，也称山西帮。我们一般将明清500年间的山西商人称为晋商，晋商主要经营票号和盐业等商业，最出名的是票号。晋商在明朝兴起，明朝实施了一种政策叫“开中制”，为晋商的发展提供了契机。从明代一直到清代，晋商成为最具实力的商帮，晋商把中国优秀的传统文化融合在商业中，形成了晋商文化，在中国文化史上给世人留下了珍贵的一页。

明清时期是晋商发展的鼎盛时期，也是山西民族传统体育发展的良好时期，大量晋商需要武艺高强的人为其财产和人身安全做保障，一些擅长形意拳、通背拳、傅拳、鞭杆拳、弓力拳的武术高手被富商聘为护院大师。后来，逐渐出现了镖局，镖局里负责押镖的人，被称为镖师。镖局为富商广开财路，镖师为富商人身安全做保障。平时闲暇时，镖师可以广交天下朋友来切磋武艺，交流武技，从而为武术的发展提供了良好的空间。

镖师在运送货物的过程中，为了人身和财产的安全，常常会随身携带短棍。短棍携带方便，使用起来灵活有力，随着短棍技艺的发展，其逐渐演变成了鞭杆拳。此外，南少林五行柔术、三教门拳等都与镖局有密切的关系。

山西的武术在明清时期被山西商人的商业活动推到了一个迅速发展的时期，形意拳、通背拳、傅拳、弓力拳及鞭杆拳等一些传统体育项目得到了快速的发展。目前山西共有拳种 65 项，其中晋中地区就有 38 项。这些拳种的发展都受到了晋商文化的影响，形意拳和鞭杆拳这两项武术在晋商武术文化中发展最为迅速。

第四节

晋北地区民族传统体育项目的特点

晋北地区地处黄土高原的东北边缘，隔黄河与内蒙古、陕西为邻，东依太行，与河北相接。古时，由于晋北地区紧邻北方草原地区，与少数民族如匈奴、鲜卑等往来密切，在北魏时期，还曾经被这些少数民族直接管辖。

现在的晋北地区主要指大同、朔州、忻州三个地级市及周边地区。这些地区有独特的地理环境和闻名中外的古建筑。这些古建筑反映了中华民族艰辛发展的历史过程，主要有应县木塔、云冈石窟、悬空寺，蕴含着高深而广博的佛学文化。晋北地区的体育文化主要是农耕与游牧民族相融合的文化。由于晋北地区主要是丘陵山地，并不适宜农耕，该地区农耕文化和游牧文化相互融合。在这样的地理环境和人文环境下孕育出一批传统体育项目，比如挠羊赛。它是把羊当作奖励的摔跤比赛，“挠”的意思为“扛”。据记载，忻定盆地这块地方，由于水草长得比较丰盛，所以方圆百里的牧羊者众多，牧羊人在闲暇之余进行摔跤娱乐活动，并且他们把羊作为赌注，最终获得胜利者可以把羊扛走，挠羊赛也就是赢羊赛。耍孩儿这个项目流行于山阴、应县、大同一带，这个项目融合了一些民间舞蹈，同时把人们的喜怒哀乐表现得淋漓尽致。随着时间的推移，现在的耍孩儿主要是以戏曲的形式出现的，并且紧贴当地人们的生活，民间色彩浓厚。这个项目属于中国民族民间文化保护工程。踩高跷也叫缚柴脚，这个传统的体育项目每年在正月十五等一些节日里表演，表演者在脚上绑着长木跷在热闹的广场或者街道进行表演，表演者要有很好的平衡能力，并且表演形式多种多样，十分精彩。朔州地区主要是一些舞龙舞狮等传统体育项目。晋中地区的传统体育项目大多体现出了竞技性，具有力量之美。

第四章

山西省民族传统体育项目的分类和分布

第一节

山西省民族传统体育项目的分类情况

山西，简称“晋”，也称“三晋”，东西南北依次紧挨着太行山、吕梁山、黄河、长城，是我国文明的摇篮，有“中华古代文化博物馆”之称，柳宗元称之为“表里山河”。在几千年的历史长河中，山西先民们在生产和生活中创造和传承了丰富多彩的民族传统体育项目。这些民族传统体育项目目前有的存在于民间，有的进入大中小学，有的被列为运动会的竞赛项目，有的被列为国家级非物质文化遗产。我们结合晋中、晋南、晋北各个地区的特点和民族传统体育项目的特点，将山西民族传统体育项目分为生产生活类、儿童游戏类、民俗节庆类、益智类等(如表4-1)。

表4-1　山西民族传统体育项目分类一览表

序号	类型	项目名称	项数
1	生产生活类	捶丸、汾孝地秧歌、祁太秧歌、提石、甩石子、陕北秧歌、太原秧歌、摔跤、沁源秧歌、临县秧歌(伞头秧歌)、武乡秧歌、心意六合拳、抖空竹、挠羊赛、原平风秧歌、跳绳、宁武小秧歌、八大角秧歌、跑场秧歌、踩街秧歌、跑场秧歌、榆社霸王鞭、扳羊头、踢鼓秧歌(耍鼓事)、霸王鞭、走羊窝、傅拳(朝阳拳，已失传)、公立拳(弓力拳)、投壶、戴氏心意拳、爬杆、夹碌碡、秋千、举石锁、掰手腕、举石担、拔河、洪洞通背拳、乐秧歌、浪桥、车轮秋、舞绸、鞭杆、形意拳	44

续表 4-1

序号	类型	项目名称	项数
2	儿童游戏类	掏窑窑(翻花)、跳房子、蹦蹦跳、打流贼、背回、拍皮球、跳皮筋、拾枚、打瓦(打岗)、煮鳖、滚铁环、斗百草、黄鼬吃鸡、顶拐、丢手绢、打陀螺、打溅溅、打拐、拍箭箭、打毛史官、跳格、打蛋、翘娃、打碗儿(玩摔泡泡)、台儿、打弹弓、踢达达、老鹰抓小鸡、跳圈、打叠宝、叠罗汉、跳人蹲、捉迷藏、打钱、骑马战、甩布袋、打麻钱、打元宝、翻跟头、跳鳖、滚玻璃球、跷跷板、挤暖暖、打翘班	44
3	民俗节庆类	转九曲(转灯)、风火流星、云车、抬阁、推车、跑罗汉、倒骑驴、荷花舞、大头和尚、抬阁、二贵摔跤、跑驴、赛彩灯、赶驴、背肘、龙舟、高跷、花灯、旱船、蛤蚌舞、小鬼捉刘氏(五鬼盘叉)、竹马、刘海戏金蟾(已失传)、龙舟竞渡、花棍、四老爷坐轿、打花杆、龙灯、推灯舞、抗杆、穿心宫灯、灯舞、登高、凤舞、麒麟舞、熊舞、人熊舞、花盆灯、腰鼓、独龙杠、跑羊羔、公背张婆、鱼舞、独杆桥、猴舞、昔阳迎灯、独辕四景车赛会、风筝、顶灯、晃杆、小花马、拾面杆、抬花轿、走兽、万荣花鼓、尉村跑鼓车、牌坊老爷坐轿、甩杆、威风锣鼓、跑船、斤秤锣鼓、倒骑牛、跑灯(九连灯、耍灯)、斗虎、走马、背花锣鼓、背冰亮膘、舞社火、挑幡、绛州锣鼓、瞪眼家伙、清徐铁棍、沁水花鼓、盂县灯官、挑椅子(悬空椅)、背棍、左权花戏、花鼓、节节高、转身鼓、九曲黄河阵(九曲阵)、花篮灯、花敲鼓、上明龙灯、任庄扇舞、扛箱、中阳小子会、太原锣鼓、云彩灯、大同小车会、迓鼓、金鼓乐、七巧灯、龙舞	94
4	益智类	华容道、成方、叉方、摆龙门阵、裁丁、西瓜棋、兽棋、跑打洋鬼子、九连环、中国象棋、大炮打小子、天下太平、围和尚、四子棋、围棋、斜方棋、老虎棋、抓子、十字棋	19

第二节

山西省民族传统体育项目的分布情况

山西省按其行政区域划分为晋南、晋中和晋北三个区域，晋南主要包括晋西南地区和晋东南地区（运城市、长治市、临汾市、晋城市），晋中主要指山西中部地区(晋中市、吕梁市、阳泉市、太原市)，晋北主要指山西省的北部(忻州市、大同市、朔州市)。通过统计，晋南地区有民族传统体育项目 119 项，其中生产生活类的项目有 20 余项，游戏类有 49 余项，社火表演类有 50 多项，其代表项目主要有万荣抬阁、临汾威风锣鼓、尉村跑鼓车、洪洞的通背拳、永济背冰亮膘、翼城花鼓等，充分展示了晋南民族传统体育的多样性。晋中地区有民族传统体育项目 118 项，主要有弓力拳、通背拳、形意拳、傅拳、鞭杆拳等。晋北地区有民族传统体育项目 110 项，以秧歌为主，主要有原平凤秧歌、汾孝地秧歌、踢鼓秧歌等，此外摔跤、武术、射箭、投掷类的传统体育项目也比较盛行。具体见表 4-2。

4-2　山西民族传统体育项目的分布情况

地区	项目	数量
晋南地区	抓子、中国象棋、威风锣鼓、转身鼓、花敲鼓、花鼓、金鼓乐、天下太平、迓鼓、花篮灯、转灯、龙舞、倒骑牛、斜方棋、花灯、洪洞通背拳、叉方、裁丁、老虎棋、十字棋、任庄扇舞、跑打洋鬼子、下方、大炮打小子、围和尚、赛彩灯、兽棋、背肘、跑罗汉、二贯摔跤、抗杆、围棋、推灯舞、抬阁、荷花舞、云车、张公背张婆、竹马、刘海戏金蟾、穿心宫灯、小花马、老鹰抓小鸡、陕北秧歌、甩石子、背棍、花盆灯、荣花鼓、秋千、拔河、捉迷藏、打溅溅、跷跷板、煮鳖、小鬼捉刘氏、四老爷坐扶轿、抖空竹、拍皮球、拾面杆、河东快乐秧歌操、霸王鞭、滚玻璃球、舞社火、跳房子、车轮秋、举石担、龙舟竞渡、背冰亮膘、翻花、打瓦、顶灯、独杆桥、滚铁环、花棍、爬杆、跳圈、丢手绢、拾枚、蹦蹦跳、风筝、投壶、旱船、四子棋、跳皮筋、尉村跑鼓车、摆龙门阵、打钱、打花杆、打毛史官、提石、九连环、扇舞、捶丸、登高、浪桥、挤暖暖、顶拐、跳格、晃杆、跳人蹲、成方、抬花轿、打弹弓、打麻钱、背花锣鼓、斤秤锣鼓、武乡秧歌、打陀螺、举石锁、跳绳、腰鼓、叠罗汉、华容道、走兽、骑马战、瞪眼家伙、绛州锣鼓、掰手腕、斗百草、沁水花鼓	119
晋中地区	瓦翁灯、傅拳(朝阳拳，已失传)、耍鬼、心意六合拳、迓鼓、高跷、旱船、背棍、榆社霸王鞭、九曲黄河阵(九曲阵)、车轮秋、四子棋、西瓜棋、跷跷板、跳人蹲、掰手腕、花棍、登高、霸王鞭、戴氏心意拳、中国象棋、临县秧歌、太原锣鼓、龙舞、清徐铁棍、爬杆、龙舟竞渡、老鹰抓小鸡、上明龙灯、大炮打小子、风火流星、太原秧歌、舞稠、捶丸、老虎棋、摔跤、铁担、汾孝地秧歌、高跷、九连环、云彩灯、沁源秧歌、中阳小子会、顶灯、打翘班、挑椅子(悬空椅)、秋千、跑灯、跳绳、兽棋、摆龙门阵、公立拳(弓力拳)、抬花轿、天下太平、打弹弓、大头和尚、倒骑牛、拾面杆、打叠宝、围和尚、打瓦、下方、抬阁、围棋、昔阳迎灯、跳格、风筝、转身鼓、倒骑驴、灯舞、丢手绢、龙灯、扛箱、跳皮筋、拔河、祁太秧歌、打陀螺、左权花戏、十字棋、举石担、捉迷藏、牌坊老爷坐轿、翻花、跳圈、举石锁、瞪眼家伙、甩杆、盂县灯官、顶拐、踢达达、走马、打钱、裁丁、节节高、打麻钱、斜方棋、投壶、陕北秧歌、打拐、抓子、舞社火、骑马战、成方、叠罗汉、打碗儿、滚玻璃球、抗阁、华容道、打蛋、夹碌碡、抗杆、形意拳、叉方、跳房子、背回、抖空竹、滚铁环、提石	118

续表 4–2

地区	项目	数量
晋北地区	中阳小子会、上明龙灯、踢鼓秧歌、宁武小龙舞、凤舞、拔河、打麻钱、跳鳖、成方、秧歌、赶驴、扳手打元宝、跳皮筋、丢手绢、中国象棋、黄鼬吃鸡、拍皮球、拍箭箭、挑椅子、跳绳、背棍、打弹弓、扛箱、跳房子、围和尚、八大角秧歌、原平凤秧歌、举石锁、舞社火、抓子、甩布袋、挤暖暖、人熊舞、秋千、踢达达、老鹰抓小鸡、大同小车会、四子棋、举石担、大头娃娃、云彩灯、围棋、大炮打小子、车轮秋、十字棋、牌坊老爷坐轿、老虎棋、风筝、下方、滚玻璃球、捉迷藏、华容道、熊舞、摆龙门阵、顶拐、翻花、鞭杆、跳格、猴舞、骑马战、裁丁、霸王鞭、扳羊头、提石、走羊窝、打叠宝、跑打洋鬼子、跳人蹲、叉方、捶丸、斜方棋、鱼舞、挠羊赛、跳圈、九连环、翻跟头、跑羊羔、麒麟舞、西瓜棋、打钱、天下太平、倒骑驴、高跷、滚铁环、蛤蚌舞、抖空竹、挑幡、抬花轿、投壶、倒骑牛、独龙杠、斗虎、走马、龙灯、九曲黄河阵、推车、陕北秧歌、登高、铁担、背回、爬杆、张公背张婆、叠罗汉、打流贼、掰手腕、兽棋、打陀螺、跷跷板、拾枚、打拐	110

第五章

山西省民族传统体育主要项目的发展演变

第一节

武　术

武术，古称拳勇、武艺、技击等。武术是通过搏斗和套路来培养人们的意志品质，通过练习来增强体质的一项民族传统体育项目。它的内容特别丰富，不论是搏斗还是套路都是以技击为主要内容。

一、武术的起源与演变

武术在我国具有悠久的历史，它的产生缘起于我们远古祖先的生产劳动。在原始社会，由于生产力极为低下，人们出于生存的需要，就必须依靠群体的力量同自然界搏斗，在狩猎的过程中，人们不仅依靠基于本能的、自发的、随意的身体动作，还有意识地去应用搏杀技能动作如脚踢、躲闪等，还会借助外界的木棒、石头等器具击打野兽等，这些方法多为一种专门练习，但这些击打技能却是武术的源头之一。

随着社会的发展，到了氏族公社时期，各个部落经常发生战争，在这个时期，使用武力战斗成为掠夺财富的一种重要的手段。人们通过不断总结，把一些好的经验和搏击的方式方法不断地练习和模仿。在这种情况下，武术的一些技术方法开始在军事训练中萌发，武术与军事战争紧密相连。

在商周时期出现了“武舞”，用来鼓舞士气，训练士兵，周代设的“序”“庠”等学校也把习舞干戈、射御列为教育的内容之一。

在我国春秋战国时期，各国都在争雄称霸，都重视技击术在战场上的应用，练兵习武更是得到了很大的发展，如齐桓公在春季和秋季都要举行比武较力的“角试”来选拔天下的豪杰俊雄。

随着社会的发展，奴隶主和贵族在军队和教育等方面垄断武术的格局被打破，武术开始从军事战场上脱胎出来，步入宫廷和广大的民间，与军中武艺并行不悖、应运而生的剑论在《吕氏春秋》《庄子・说剑》中均有记载，其论述精辟，至今仍不失光彩。

秦、汉以来，盛行击剑、手搏、角抵等，《汉书・艺文志》兵伎巧十三家中，收录了《手博》6 篇、《剑道》38 篇，鸿门宴中即有项庄舞剑，其形式更接近于今天武术的套路。秦时盛行的角抵和手搏，比赛时有裁判，有赛场，有一定的服装。汉时，有了刀舞、剑舞等，这种舞练虽具有娱乐性，但从技术上更接近今天套路形式的运动，而不同于舞蹈。

两晋南北朝时期，战乱频繁，官僚贵族追求长生不老之术，通过炼丹追求长生不老，其消极影响在一定程度上阻碍了武术的发展。

长安二年(702)，开始实行武举制，并且采用武举制来选拔武勇人才，这对我国武术的发展起到了促进作用。当时剑术的发展遍及朝野，道家、武将、妇女、文人等擅长剑术的大有人在，诗人李白“少年学剑术”，常在朋友中仗剑而舞。在当时，张旭的草书、裴旻将军的剑舞和李白的诗歌享有“唐代三绝”的美誉。从而表明，武术作为一种文化形式，在当时社会具有一定的影响力。

在宋元时期，民间兴起了练武活动，主要有弓箭社、锦标社、英略社、相扑社等，同时由于宋代商业经济活跃，市民阶层壮大，这时候街头出现了一些表演踢腿、弄棍、舞刀、舞剑等的人，他们不仅有单练，而且有对练，极大地促进了武艺向表演化方向的发展。

明清时期我国武术得到了快速的发展，在这个时期出现了不同风格的拳种、不同的流派、不同的器械等。武术作为表演技艺、军事技术、健身手段等为人们所认识和利用，形成了太极拳、形意拳、八卦掌等主要拳种体系，对抗性的比武，如手搏、摔跤也得到了很大的发展。

二、武术的传承与发展

20 世纪初，民间出现了许多的武士会、体育会、拳社等武士组织，主要有精武体育会、中华武士会、致柔拳社、尚武国术研究社、汇川太极拳社等。1928 年在南京成立了中央国术馆，并且 1928 年和 1933 年在南京举办过两届国术国考，有长兵、短兵、摔跤、拳术等。1933 年，武术被列为民国时期第 5 届全国运动会的男、女竞赛项目，武术开始向体育竞赛迈进。

中华人民共和国成立以后，武术作为体育事业的一部分得到了快速的发展。1956 年，国家体委出版了简化太极拳和初级的刀、棍、拳、枪等套路。20 世纪 50 年代末 60 年代初，武术成为体育院系的课程。1958 年 9 月，北京成立了中国武术协会。1957 年，国家体委把武术列为体育竞赛项目。1972 年，武术在全国各地开始举行表演和比赛。1984 年由国务院批准设立了武术硕士学位，加强了武术的学术和技术的研究，我国武术也与国外武术界开始了广泛的学术交流。1985 年首届国际武术邀请赛在西安举办，同时成立了国际武术联合会筹委会，这是我国武术历史性的突破。

第二节

毽　球

毽球，又称踢毽子，是汉族、苗族、满族、水族、壮族等民族特别喜爱的一项传统体育项目。毽球分为花毽和网毽。花毽有两种，一种是比较传统的花毽，一般多用不同的雕翎或者火鸡毛作为毽身，底座一般是用塑料片制作而成，高度在 12 厘米左右，花毽整体看起来特别美观，并且踢起来弹性也非常好，各个年龄阶段的人都喜欢踢花毽，因为花毽没有什么高难度的动作，踢毽的高度和速度也没有太多的限制，容易掌握。还有一种是大毽子，它一般是用橡胶做底座，用鹅毛制成，大毽子和传统的花毽不同的地方是大毽子比较重，一般适合多人来踢，大家一起活动，你踢一脚，我踢一脚，这样既可以锻炼腿部力量又可以提高身体的灵活性。网毽属于对抗性比赛，有双人、单人和团体对抗，有很强的观赏性，目前在大中小学得到很好的推广，使学生的校园生活更加有趣。

一、毽球的起源与演变

据历史记载，毽球起源于汉代，在唐、隋、六朝比较盛行，在唐《高僧传二集》卷十九《佛陀禅师传》中就有记载。宋朝高承在《事物纪原》中也有记载。刘侗、于奕正在《帝京景物略》中写道，到了清末，踢毽子是非常盛行的，不论男女老少都愿意每天参与这项活动，因为这项传统的体育运动可以调节人们的心理，大家聚在一起踢毽子可以强身健体，愉悦身心。在当时踢毽子可以和养花、养鸟、下棋、书画等相提并论。踢毽子一般以青少年参加者居多，一些青年还以会踢不同花样的毽子而自豪。踢毽子在我国的发展已经到了相当普及的程度。

二、毽球的传承与发展

中华人民共和国成立后，毽球这项体育项目得到了更好的发展。1950 年，毽球还到国外进行了表演，得到了当地人们的热烈欢迎。1961 年，电影《飞毽》里介绍了毽球的各种踢法和我国毽球的发展历史过程。随着电影《飞毽》的推出，我国一些地方的人们越来越喜欢参加毽球这项运动。1963 年，国家提倡开展的体育项目主要有跳绳和毽球，并且小学的体育教材里也增加了毽球这项体育运动，一些企业、事业单位、学校等也积极地开展毽球这项运动，一些毽球组织也在全国相继出现。

毽球在 1984 年被国家体委列为正式的比赛项目。我国首届毽球锦标赛在 1985 年举办，毽球进入少数民族传统体育运动会(简称民运会)是在 1995 年，进入农民运动会是在 1996 年，进入我国中学生运动会是在 1999 年。重庆在 1993 年举办了首届国际毽球邀请赛，武汉在 1995 年举办第二届国际毽球邀请赛，合肥在 1997 年成功举办第三届国际毽球邀请赛。我国的毽球队在 1988 年到日本参加了第一届世界民族传统体育节，1992 年到德国参加了第二届世界民族传统体育节，1996 年到泰国参加了第三届世界民族传统体育节。2000 年我国广东的中山和惠州都举行了国际毽球邀请赛等。近年来，我国的毽球运动得到了蓬勃的发展，不仅在国内发展很好，而且跨出国门走向世界，成立了国际组织和建立了世界锦标赛制度。

第三节

秧　歌

一、秧歌的起源与演变

山西秧歌有 37 种，主要有沁源秧歌、临县伞头秧歌、祁太秧歌、原平凤秧歌、祁县过街秧歌等，其中祁太秧歌最为突出，影响也是最大的。祁县过街秧歌是正月“闹红火”时，秧歌队在街头演唱的秧歌。它的风格特点与祁太秧歌基本一致，甚至有些曲调也都相同；所不同的是过街秧歌的曲调更为单纯，演唱更加朴实，曲目不如祁太秧歌丰富。沁源秧歌是在沁源小调的基础上，通过编排发展起来的。沁源县的绿茵剧团就是通过编排秧歌剧来教育人们以及积极地宣传抗日，在当时这种秧歌剧是非常受人们欢迎的，所以沁源秧歌也就逐渐地发展起来了，绿茵剧团也被称为“沁源秧歌剧团”。

二、秧歌的传承与发展

中华人民共和国成立初期，从旧社会保留下来的秧歌，有好的一面，主要是从人们日常生活中提炼出来的艺术，也有不好的一面，主要是在秧歌中编排了一些庸俗、低俗、媚俗的内容。我们要取其精华，去其糟粕，不断改革创新，继承优秀的文化遗产，同时反对保守思想。我们开始了一系列的挖掘、整理和搜集工作，不断提高艺人的身体素质和文化水平，为改革创新提供良好的条件。

一些老艺人积极响应国家的政策，如山西省祁县的刘焕玉老艺人反对秧歌中不好的一面，自己编自己导新剧。同时一些老艺人积极深入农村采风，抄写剧本和记录曲谱，做到推陈出新，为改革和创新做了大量的工作。正是因为有了这些老艺人的带头作用，各地的秧歌团体不断增加，同时以旧调唱新戏，十分活跃。霍州秧歌的表演，突出鼓者、伴奏及其他舞者，忽如众星捧月，忽如百花争艳，熔花鼓、舞蹈、歌唱于一炉，尤以鼓者头上之“缠丝子”表演，时而如含苞待放，时而如金蛇出洞，世称门身歌之一绝。1957 年，中央歌舞团曾对霍州秧歌进行过专门采访和整理。库拔村秧歌表演队也曾赴山西省太原市参加表演。

第四节

舞　狮

一、舞狮的起源与演变

舞狮，是中国优秀的民间艺术，古时又称为“太平乐”。民间认为狮能镇宅祛邪，群众舞狮纳吉，相沿成俗。

狮具器材制作粗细不一，大体分为狮头、狮背和狮尾。狮头用竹编出行架，并且用糊浆布纸浆，做工精益的狮嘴能张合，舌头也能伸能缩，活灵活现。狮背用白布画成无毛狮，与我国唐代诗人白居易在《西凉伎》里的“假面胡人假狮子”、“奋迅毛衣摆双耳”的描述是一致的。

舞狮主要重视技巧，并且动作勇猛，有登高、踩球、跳跃、腾转、跌扑等动作，同时也要表现出逗狮人的活灵活现，聪明果断。多年来，我们把舞狮的动作归纳为怕、爬、卧、美、站、楞、退、闯、蹿、啃、寻、滚、跷、蹈等多种。每年在过节的时候进行舞狮表演，起到了娱人的作用，受到了人们的欢迎，相沿至今。

汉章帝时，在每年的节日舞狮是一种吉祥的象征，人们模仿狮子的各种动作进行表演，在北魏时期，舞狮表演更加成形。

二、舞狮的传承与发展

中华人民共和国成立之后，我国民间舞狮运动得到了进一步的发展。1995 年 1 月“国际龙狮总会”及 1995 年 7 月“中国龙狮运动协会”的相继成立，以及 1997 年广东番禺举办的第一次全国舞狮比赛，极大地推动了这项民间体育的发展与普及，使中国传统的舞狮运动发展更为迅猛。舞狮这项民间体育项目具有浓郁的民族特色和悠久的历史文化。如今，舞狮这项活动早已跨出国门，走向世界，与世界各国进行交流和竞赛，并取得了长足的进步。

第五节

舞　龙

一、舞龙的起源与演变

舞龙又称为舞龙灯、龙灯会、耍龙、玩龙灯、盘龙灯等。关于舞龙的源流有两种说法，一种说法是春秋时迁闽的古越族人自创的，另一种说法是中原迁闽的家庭带来的，属于古越族和中原文化。

龙身的大小、长短、名称，各个地方都不相同：一般分为龙头、龙身、龙尾和龙珠；长度也是各个地区不一样，从几十米到二三百米，一人举一节，大龙十二三人，小龙八九人等；主要有草龙、布龙、灯龙、板凳龙等；同时舞龙的时候可以配古乐。在舞龙的过程中，我们要体现出连、圆、灵、顺四种形态，以及人与龙体的配合、音乐与龙体的配合、龙珠与龙体的配合，同时步法、握法、舞法、鼓乐法的掌握，舞龙时表现出喜怒哀乐等情感。

西周到战国，有关舞龙的记载不多。汉代出现的舞龙形象比较完整，董仲舒的《春秋繁露·求雨篇》等有舞龙求雨的记载，《隋书·音乐志》中阐述，在当时人们农业发展很好，生活安居乐业，为舞龙运动提供了发展的契机。

二、舞龙的传承与发展

中华人民共和国成立以后，舞龙运动得到了快速的发展，但在“文化大革命”期间，舞龙表演销声匿迹。直到20世纪80年代以后，舞龙表演才又发展起来，主要是因为“文旅结合，体贸联姻”给舞龙运动创造了新的发展环境。时至今日，舞龙运动已经形成各种各样、各具地域风格的舞姿和造型。在元宵节、新春佳节等节日，各地要舞龙欢庆。有的民族在二月二，有的民族在三月三进行舞龙表演。目前，舞龙运动活跃在我国的大江南北，品种多样。

第六节

戴氏心意拳

一、戴氏心意拳的起源与演变

戴氏心意拳，起源于山西省晋中市祁县，是我国心意拳三大流派之一，也是汉族武术中优秀的内家功法之一。戴氏心意拳的创始人是戴隆邦，他是山西祁县小韩村人，也是我国著名学者戴廷栻之曾孙。他从小习武，勤奋好学，聪明伶俐，在武术世家这种氛围的熏陶下，继承了家族的意拳，得意拳之奥妙，后承姬氏所创心意六合拳，并得曹继武先生传授古心意拳，傅山先生传授内功心法(小周天功)，结合各种武术(螳螂、八卦等)创戴氏心意拳。武术界将他尊为戴氏心意拳的开山鼻祖。戴氏心意拳由于在传承的过程中只在戴氏家族内部传承，几乎不外传，这种传播方式太保守，一直到戴奎时才开始对外传授，所以戴氏心意拳传播不广，主要在祁县一地传播。近年来随着信息技术的发展及交通的便利，戴氏心意拳也逐渐向国内外发展.戴氏心意拳讲究意与气合、气与力合、心与意合、肘与膝合、手与足合、肩与胯合等。

二、戴氏心意拳的传承与发展

中华人民共和国成立以后，戴氏心意拳也逐渐打破了“宁可失传，不可滥传”的拳规，1984 年，国家体委到山西的祁县挖掘和整理我国优秀的传统武术文化，促进了祁县戴氏心意拳的发展，并且戴氏心意拳第五代传人王映海多次带队参加全国、省、市等组织的各种武术比赛，通过比赛不仅交流了武艺，也使思想更加开放，促进了中华武术的发展。2000 年，祁县人民通过不断的努力成立了晋商镖局博物馆，博物馆的建立为展示戴氏心意拳提供了良好的平台，有利于戴氏心意拳的发展、传承和创新。同时，戴氏心意拳也得到了各大媒体的宣传，主要有中央电视台、湖南卫视和山西影视等媒体。

第七节

通背缠拳

一、通背缠拳的起源与演变

通背缠拳，也称为洪洞通背拳。它是系统的传统拳种，并且分为子拳与母拳、对练套路和器械套路等，一共有四大类别。通背缠拳以108个动作组成了母拳套路和数十个子拳套路。其中母拳套路有九排，一共有一百零八势，其中前五十四势为天空星，后五十四势为天地星，有四大明手，八大金刚，三十六打法，七闪法，有六六三十六肘法，二十四腿法，七十二拿法，二十四手法，三十七跌法等。子拳有三十二路套手，二十七路缠手。整套动作要求气势贯通，舒展大方，柔而不软，平心静气，意念专一，用力得当，节奏鲜明，身手灵活，招法清晰，刚而不僵，不快不慢。

洪洞的通背缠拳最早起源于民间。明洪武年间洪洞大槐树移民，广济寺和尚陈卜大师将通背缠拳带至河南。乾隆年间，郭永福又将其带回老家。通背缠拳发展到今天才有了比较完整的缠手套路和器械套路。目前，山西洪洞的通背缠拳主要流传于山西、湖北、天津、陕西、内蒙古、河北、河南、上海等地。

2011年6月10日洪洞县申报的通背缠拳被列入国家级非物质文化遗产名录。2019年11月洪洞县通背缠拳协会入选国家级非物质文化遗产代表性项目保护单位名单。

二、通背缠拳的传承与发展

中华人民共和国成立以后，洪洞的通背缠拳这个古老的拳种更快地走进了人们的视线，此时的洪洞通背缠拳主要由辛村的徐家进行传承，并且由徐凤山、徐凤岐等进行发扬，一直到20世纪八九十年代由徐奎生进行全面的推广。2008年在洪洞成立了洪洞县通背缠拳协会，并且随着传承人的不断挖掘、保护、推广，洪洞的通背缠拳多次与世界武术界进行了学术的交流，把我国的通背缠拳不断传播到了美国、日本、新加坡等国家，为通背缠拳的发展创造了良好的条件。近年来，随着时代的变迁，除了老者，现在的年轻人群练习通背缠拳的很少，以致该拳也处于后继无人的尴尬处境。

第八节

挑椅舞

一、挑椅舞的起源与演变

山西的挑椅舞主要在山西孝义市一带流行。挑椅舞起源于清代“蠢厮戏妻”的民间故事。表演主要由两人进行，媳妇是由男人打扮成丑旦，蠢厮也是装扮成丑角。挑椅舞表演时需要椅子和竹竿作为道具。在表演时，装扮成妻子的男人进入没有坐板的圈椅内，并且把圈椅系在自己的腰部，这时圈椅悬于半空中，然后在圈椅下裹一圈色彩鲜艳的绸缎，这样可以遮住表演者的腿脚，并且，要做两条假腿放在椅子边上，给人一种媳妇盘腿坐椅子的错觉。

另一个表演者手抓住竹竿的一端，竹竿的另一端与椅子相连，在锣鼓声的伴奏下，两人载歌载舞，左跳右蹦，表现出一种古朴、豪迈之美。

二、挑椅舞的传承与发展

中华人民共和国成立以后，随着生活水平的提高，人们更加注重强身健体，愉悦身心。挑椅舞在表演的过程中通过跳动、转动、队形变化，把速度、力量、幅度等糅合在一起，给人一种赏心悦目的感觉，让人们感受到丰富多彩的民族民俗文化。

第九节

挠羊赛

一、挠羊赛的起源与演变

挠羊赛主要在山西省的原平、忻州、定襄一带比较盛行。它是群众性和地域特色显著的一种体育活动。挠羊赛以摔跤的形式进行比赛，并且将羊作为胜利品，所以称为挠羊赛。挠羊赛不受场地的限制，可以在固定的场所，也可以在田间地头，具有广泛的群众性，比赛规则也简单易行。

挠羊赛起源于明洪武二年(1369)，由忻州地区传统的角抵演变而来。在忻州地区寺庙会不定期地举行各种庙会，在庙会的表演中有角抵争斗，角抵的获胜者在连续摔倒六人以后，会被奖励一只活羊，获胜者为了表达愉悦的心情，同时向观众表达谢意，一般会把活羊高高举起，在场地周围跑一圈，因此有了挠羊赛之称。

二、挠羊赛的传承与发展

中华人民共和国成立以后，随着我国市场经济的快速发展，一些挠羊汉忙于生计，从而导致此项目人员流失，同时在时尚文化的冲击下，山西民族民间体育项目挠羊赛的吸引力也在逐渐降低，虽然近年来此项目得到了当地相关政府部门的关注，也举办了一些比赛，但群众的参与度不是很高，且传承人的匮缺也在一定程度上影响了挠羊赛的发展。

第十节

王郭铁棍

一、王郭铁棍的起源与演变

铁棍也称为抬阁，是一种大型的民间体育文化活动，关于它的起源有几种说法：一种起源于我国古老的图腾崇拜，在远古由于知识的局限，人们对一些自然现象的认识不够，于是便有了图腾崇拜，王郭村当地就有祭祀龙神的旧俗，这种旧俗随着时间的推移就形成了抬铁棍的习俗。另一种起源于祈雨，这也是王郭村民比较认可的一种说法，在王郭村有一年大旱，导致颗粒无收，为了获得降雨，王郭村精选出数名青年到十里外的天龙山请龙王爷，并且用轿子把它抬回进行祭拜，结果求得大雨，所以以后每年的五月初一，王郭村的村民都进行这样的祭拜仪式，久而久之形成了习俗。还有一种说法是铁棍起源于传统庆典节日，在节日里人们非常高兴，唱歌跳舞，通过不同的节目来表达当时的欢快愉悦之情，所以说王郭铁棍有可能是在这种情况下诞生的。

记载显示，王郭铁棍高度一般为 2~3 米，由八字锅、杵杆、二杆、抬杆、老杆等组合而成。王郭村的铁棍比较重，铁棍的骨架就有 500 公斤重，再加上上面表演小孩的重量和一些装饰品的重量，总重量可达 650 公斤左右，所以要拿起这样的铁棍就需要 8 个小伙子，同时在表演时，步伐上也有一定的要求，类似于扭秧歌，在口令下达后，铁棍在小伙子的吆喝声中抬起，大家一手扶着抬杆，一手有节奏地甩起膀子，场面非常壮观。

在铁棍的主杆上会立两三个 15 岁左右的小孩，一般要求孩子胆子大、身形姣好等。这些孩子穿上漂亮的服饰，化好妆容，随着铁棍的起伏，在上边翩翩起舞。

二、王郭铁棍的传承与发展

中华人民共和国成立以后，王郭铁棍在晋中大地通过不断改进和发展，有了自己的表演特点。这项民俗项目展示出了当地人的力量和团结精神，在当地人的心中留有深刻的烙印，成为当地独特的民俗体育活动。

第十一节

花　鼓

一、花鼓的起源与演变

翼城县属于山西省的临汾市，处于运城、晋城、临汾三市的交界，属晋、秦、豫之中心地带，也有平阳门户和晋南咽喉之称。史料记载，翼城花鼓在唐朝的贞观年间就有了，到了明朝比较盛行。据说，明朝万历皇帝的母亲出生在西关村，在她回娘家的时候，翼城人民为了欢迎她，就表演了一些当地的节目，其中就有花鼓，李娘娘对花鼓很感兴趣，从此花鼓就越办越火。到了清代以至于今天，老百姓为了庆祝丰收之喜都会表演花鼓。在1000多年的历史长河中，翼城被称为花鼓之乡。山西各地都有花鼓，但翼城的花鼓有它的独特之处，主要表现为节奏快、动作幅度大、风格朴实等。翼城花鼓的表演主要有几种形式，一种是新中国成立前由男演员扮的女苗子和小丑进行表演，女苗子要穿彩衣和绣花长裙，同时头上也戴花冠；新中国成立后，女苗子由年轻姑娘扮演，在表演开始时，鼓手带着女苗子和小丑跑队形队列，然后鼓手打鼓，打鼓结束后，女苗子和小丑合唱小曲等。另一种全是男鼓手集体表演，男鼓手动作干脆利索，鼓点打得急而有力，在表演的时候不停地变换队列队形，表演比较勇猛，一般在5分钟左右完成表演。还有一种表演时要求技艺高的鼓手踩在高跷或者杠上进行表演。

二、花鼓的传承与发展

中华人民共和国成立以后，受市场经济的影响，一些从事花鼓表演的人逐渐弃艺从商，同时花鼓表演也是一项需要体力的活动，一些年事已高的老艺人，也因为体力跟不上而逐渐淡出表演舞台，此外花鼓的表演也需要一定的经费，当地政府部门的经费欠缺也在一定程度上影响了花鼓的发展。目前翼城花鼓表演所需要的人员都是从当地的中小学中选拔出来的学生，这样就在一定程度上制约了翼城花鼓的发展。为了翼城花鼓的长期发展，我们要精选人才，加强训练，逐渐向专业化方向靠拢，促使翼城花鼓能够传承久远。

第六章

山西省民族传统体育非物质文化遗产项目

第一节

文水长拳

文水县在山西省的中部，是吕梁市下辖县，在太原盆地西缘，东靠汾河，西依吕梁山，与平遥县、祁县相望，在北面与清徐县、交城县相邻，在南面与汾阳市接壤。全县总面积为1068.57平方千米。

文水长拳也称为"左家拳"，是北方武术拳种的一种，源于文水县的孝子渠村，由清朝著名镖师左昌德创始，到现在已经有近200年的历史了。

一、文水长拳的起源与传承发展

文水长拳的创始人是左昌德，开始时是家传，精技于师授，丰富于交友，践行于护镖。文水长拳在当地在历代子孙中进行传承、创造和锤炼，逐渐成了体系完整的拳种。综观左家武学，其在健身养生、历史研究、文学创作等诸多方面都有着极其重要的价值。

二、文水长拳的社会影响与拳法内容

文水长拳的传人在1990年创办了忠治武馆，武馆秉承武德高尚、武功高强、诚信待人、以拳会友、以德服人的行事作风，精心培养，刻苦训练，门下弟子有800余名。这些弟子通过各种比赛和交流传播文水长拳，为挖掘和继承文水长拳打下了良好的基础。文水长拳在2009年4月24日入选山西省第二批省级非物质文化遗产名录。

文水长拳的历史价值：它是几代武术家智慧的凝聚，也是文水悠久历史文化的产物，对当地的文化、民情、风俗有一定的影响。直到现在左家还保存着

完整的文函史料，清楚地记载着我国清朝的镖行历史，为民间文学、文化、经济、拳谱行规等的研究提供了真实的资料，因此有一定的历史和学术研究价值。

文水长拳的文学价值：文水长拳既有现代竞技体育的特点又有中华武术的精髓。发展到今天，它记载了当地的很多风俗习惯、民间传说等。作为文水长拳创始人的左昌德，在江湖行镖的历练中，诚信待人，以拳会友，武德高尚，武功高强，在民间留下了人们津津乐道的很多传奇故事。

文水长拳的健身养生功能：文水长拳现在的套路都是取其精华所形成的，使人体潜能得以高度发挥。文水长拳和其他拳种一样，其内功功法本身就是养生文化的一部分，因此它的形成和发展丰富了中国养生文化的内涵。

文水长拳在不断发展和传承的过程中形成了一套完整的体系，其中，虎头双钩、弹腿、面掌被称为“左家三绝”。左家三绝在江苏、陕西、北京、山西等地流传甚广。文水长拳可以分为器械和拳术两大类，其中器械主要包括燕翅镗、提柳刀、双钩、状元笔等；拳术主要包括大小叉拳、弹腿、大小流式、面掌、桃花掌等。

在器械方面，文水长拳使用十八般武器。常用的有左氏双钩、虎臂枪、五虎断门枪、状元笔、单刀、提柳刀、燕翅镗等，其中左家双钩和燕翅镗极突出。其兵器都有各自的特点，使用时有自成一家的章法。以状元笔为例，双器械，笔状，属暗器，一般用来防身，专点人体的要害。状元笔的特点是身笔相随，稳如磐石，八方照应，上下翻飞，行如流水，静如山岳，动似游龙。

练习文水长拳时要把身、力、手、气、眼、神、法、动、步、精等做到身手合一和以意领先的境界，所以要做到气沉丹田，擅长避实击虚、专攻要害部位等。

文水长拳在不断传承的过程中，从大众健身到技击的展示，以及从内到外的功法等都得到了不断的发展和完善，近年来已经形成了自己完整的体系。

三、文水长拳的特点与濒危状态

山西文水长拳的特点主要在腿法，在古时镖局的护镖人出于护镖需要，常采用踩和蹬的动作，这两个动作也是文水长拳的经典动作。文水长拳不适用于表演、比赛，因为它的拳法不是特别地好看，目前主要是用于锻炼身体。

文水长拳随着社会的不断变迁，处在濒危的状态。在以前，各个村落打拳的人很多，人们常常聚在一起切磋拳技。现在，由于老一辈的拳师纷纷离世，年轻人大多外出打工，再加上年轻人对打拳不是特别感兴趣，最后坚持下来的人寥寥无几，传承就出现了断层现象。在以前，练习长拳的师傅大多开镖局，这也是他们的生活来源，现在很少有人能通过学习长拳来获得收入，因此文水长拳无可避免地面临着走向衰落的困境。

第二节

傅山拳

傅山拳，原名朝阳拳，为傅山先生所创，主要在灵石县、夏门村、两渡村一带广为流传。据《何氏家谱》《灵石县志》记载，在清初，傅山在山西省灵石县石膏山和介子推庙等寺庙中生活，在当地行医、讲学、传道、传授武艺等，并将珍藏的《傅拳谱》手抄本留于后人。傅山拳流传于山西省灵石县，至今已有300多年的历史。

一、傅山拳的起源与传承发展

傅山拳是我国明清时期的历史名人傅山先生所创，在民间已经流传了300多年。

傅山拳是傅山将我国的八段锦和道家紫微八卦午之精华相结合，通过不断创编而形成的。在20世纪80年代中期，山西省灵石县的蔡承烈献出了光绪六年(1880年)的《傅拳谱》手抄本。这本手抄本里有60多个动作图像和名称，经北京傅山拳拳师程怀玉、李思元认证，确实为傅山先生亲自所创的傅山拳，也叫绵山太极拳或子午太极拳。后来又经过多位专家、学者的研究和考证，《傅山拳法》一书在1988年10月出版了，从而使濒临失传的古拳法得到了进一步的传承。

二、傅山拳的社会影响与拳法内容

傅山拳不仅有攻防技击性，还有健体强身的价值，适合我国的青少年、中老年等人群练习。

至今流传的傅山拳有 81 式，分别是双挂金钩、金龙合口、左右甩手、圣人拱手、白鹅展翅、指头盖面、勾挂十字掌、搂打腾枫、石郎反撞、推门闭扇、黄龙转身、箭矢鹍鹏、推窗望月、白鹅单展翅、提膝十字掌、丁盖炮、退步猴王坐殿、铁门闩、顺手单鞭、推门闭扇、童子拜老庄、挡手走势、顺势单鞭、右高探马、推窗望月、右地锦、腾枫拍脚、高探马、推窗望月、左地锦、腾枫拍脚、石郎反撞、左右蹬脚、搂打栽捶、推窗望月、左右春风摆柳、左右掤粘、怀中抱月、白鹅双展翅、甩手走势、玉女穿梭、掤粘击捶、滚手栽捶、左右连环腿、左右展翅、狮子抖毛、托掌粘拳、狮子抖毛、托掌粘拳、狮子抖毛、青龙探爪、秦王大立碑、金鸡独立、黄龙转身、白蛇吐芯、黄蜂出洞、怀中抱月、魁星戏斗、青龙探爪、十字挂面脚、狮闯金门、跺步冲天炮、猴王坐殿、拴马势、双峰贯耳、插花盖顶、黄龙转身、左右蹬脚、左右搂打腾枫、七星势、冲天炮、翻身连环捶、甩手转身、摆莲、左推移、右推移、托衣势、左甩手、托衣势、右甩手、采献三元。

整套拳法要求沉着稳健、自然顺道、攻守自如、刚柔相济、以柔克刚等。动作要求有快有慢、快慢相间，有高有低、高低呼应，先文后武、文起武收，在演练的过程中要做到沉肩垂肘、含胸拔背、虚实分明等。傅山拳有捋、按、采、掤等一些技击手法，还有摔、打、踢、捧、拿等一些动作技巧，所以说傅山拳是一套攻防实用的套路。

三、傅山拳的特点与濒危状态

傅山拳拳法具有攻防技击等特点，在战场捕俘、肉搏，平时的防身自卫、养生等方面都具有很好的实用价值。但随着社会的快速发展，在山西灵石县练拳的人逐渐减少，一些老师傅相继离世，年轻人都在外边工作，所以该拳种就得不到更好的发展。

第三节

鞭　杆

鞭杆也叫鞭杆子，是我国武术短器械之一。鞭杆的击法主要有绞、戳、拨、击、架、点、劈、挑、推、扣、舞花、蹦、拦、压、撩、截、挎等。它既可以单练，也可以对练，主要的套路有陀螺鞭、三十六鞭和十三鞭等。

一、鞭杆的起源与传承发展

在古代，人们出远门或者做生意要夜行时，出于自我保护的需要，都习惯性地拿一根棍子来壮胆。人们拿的棍子有长短之分，短棍也就是我们说的鞭杆。鞭杆，追溯其源，有不同的说法，有的说是由北方赶马车使用的鞭子发展而来的，另一种说法是由竹编发展而来的。鞭杆与我国悠久的历史文化有着密切的关系。在旧石器时代，原始人类为了狩猎、防御等，在长期与野禽猛兽的斗争中，开始使用简单的棍棒、石头等。这种最初使用的棍棒随着社会的不断发展，逐渐演变成了鞭。随着武器的不断演变，棍棒逐渐被军队弃用，但仍流传于民间。

鞭杆在山西北部一些地区比较受欢迎，主要有五台、繁峙和代县，早在一千多年前的北宋时期就有人练习。教伦和尚是清末闻名于世的杰出武术家。他的弟子张十英先生也是著名的武术家，经过多年与同行的武术切磋，在武术技击方面有自己的独到之处。后来宋春旺经过自己的不断研究和刻苦锻炼，练出了鞭杆的独特风格，把鞭杆的技法和功法等融为一体。鞭杆的主要功法是鞭不离身、手不离鞭、鞭中藏刀、鞭中含枪等，主要技法有擒拿点穴、分筋错骨。山西的鞭杆在近几年得到了创新和发展。根据中老年人群的心理特点、身体素质等，山西大学体育学院毛明春教授创编出了简化太极健身鞭杆 24 式，目前在山西省太原市的 32 个武术辅导站进行推广，反响很好。

二、鞭杆的社会影响与项目内容

源于山西省北部的五台、繁峙、代县等一带的鞭杆拳，在我国有悠久的历史，是我国劳动人民在长期的生活和生产实践中创造出来的。人们将日常管束牲畜的鞭杆和晋北地区民众在日常生活中常常使用的长杆烟袋相结合，实现一物多用。

三、鞭杆的特点与濒危状态

鞭杆采用传统武术长短器械的多种运动方法，结合自身的特点，从而演变出独有的运动风格。鞭杆短小无刃，梢把并用，单双手可用，它主要是借人之力、乘人之势，动作要声东击西。练习起来，鞭不离身，手不离鞭，表现出身似猿猴攀纵、眼如狸猫攫鼠、步像雄鸡斗勇、似蛟龙缠身的特点。

随着社会的不断发展，鞭杆不再是人们的日常所需，再加上一些老艺人的相继离世，导致鞭杆没有得到很好的发展，处于濒危的状态。

第四节

战功拳

战功拳是灵石县一种古老的拳种。传说战功拳是清朝嘉庆年间河北省南和县(今南和区)的高老幺根据各个地方的拳种的特点，同时结合少林拳，经过多年的研究和实践，最终独创出来的一种拳种。战功拳于 2011 年被列入晋中市第二批市级非物质文化遗产代表性项目名录，2017 年入选山西省第五批省级非物质文化遗产名录。

一、战功拳的起源与传承发展

战功拳的源流，据传是少林拳的一种。嘉庆年间，河北省南和县的高老幺将战功拳传入山东省济南府淄川县(今淄川区)一带，后来他的弟子将此拳传入山东省东昌县(今东昌府区)东旺村。1924 年，拳师李常青在山西省屯留县(今屯留区)潞村和王村设立练拳的场地，当时弟子有 30 多人，学得好的弟子有高祥义、房有根。抗日战争全面爆发后，房有根开始了逃难生活，最终到了山西省灵石县的枣条村。抗日战争结束后，他开始在枣条村设场地教徒，战功拳此时开始传入当地，后逐渐在仁义乡广为流行，代表人物主要有曹能明、张世强、赵宝顺、王金管、韩如明、闫永福等。仁义战功拳队最先成立，1983 年又改为仁义战功拳社，2001 年成立了战功拳协会，2006 年又成立了仁义学校战功拳队，从此战功拳在山西有了很大的发展。

二、战功拳的社会影响与拳法内容

从 20 世纪 70 年代开始，仁义战功拳队的规模不断扩大，人数不断增加，教练常年教学，并且拳队经常外出参加比赛和演出。近年来，拳队不仅会参加县城的元宵节文艺表演，还会积极地参加全市、全省乃至全国大大小小的各类比赛，并且取得了很好的成绩。战功拳作为我国优秀传统文化的一部分，值得我们重视和保护。

战功拳的套路表现形式可以分为徒手拳术、对练、器械。其中器械可分为单刀、双刀、大刀、棍、枪、剑、铲、叉、虎头钩、双梢子、双戟、七节鞭、绳镖、流星锤、金抓、双拐等。

三、战功拳的特点与濒危状态

战功拳的套路主要有翻腾、回环、屈伸、跌扑、跳跃等，对人体的柔韧性、灵活性、耐力、力量等都能够起到很好的锻炼作用。战功拳讲究意念活动和调息行气，对调养气血、强身健体等十分有益。战功拳在练习的过程中讲究招式多变、攻防严密、多练功法、突出战术，身法多起奔跳跃、铺锦掠水，手法曲而不曲、直而不直。同时战功拳表现出的动与静、虚与实、起与伏、开与合、刚与柔、快与慢等具有浓郁的艺术色彩。单个动作讲究上、中、下三盘错落。目前战功拳在山西灵石县发展良好，已成为晋中市和山西省的非物质文化遗产项目，并且每年的 4 月 3 日会在仁义小学校园武术节上进行展演。

第五节

弓力拳

弓力拳是在特定的民族文化背景下形成的。弓力拳采用弓之一弦一背、一张一弛的送箭离弦原理与我国少林拳、太极拳等的原理，讲究静中有动、动中有静、缓急如意、柔而不散等。

一、弓力拳的起源与传承发展

关于弓力拳的起源有几种说法。一种说法是由故城县郑口镇夏庄村弓力拳的第十八代嫡传弟子讲述的。弓力拳也称为太祖拳，首创之人是宋太祖赵匡胤，据传宋太祖曾经在少林寺练过此拳。弓力拳在齐齐哈尔被称为太祖功力拳或少林功力拳。山西传人把弓力拳称为公议拳、公立拳。

一种说法是安晋元等八大高手共议创拳说。《山西国术体育旬刊》1934 年第 4 期有一篇文章《介绍弓力拳之一斑》，作者为耐冬。文章介绍了一位太谷的武术家董俊(字秀升)，他平时比较喜欢八卦拳、形意拳、太极拳等多种拳术。太谷的董俊、榆次的安晋元，以及旅居张家口的张兴等拳友，选择各自所练习拳术的最精华的部分共创此拳技。

一种说法是民间高手共议创拳说。据传康熙年间，一些明末的将士和知识分子集聚浙江，共同议事，主要有傅山、少林寺通明和尚、石振飞、刘玉芳、武元英、孟武威等人。这些人士结合自己门派的武术，相互切磋，最终创立了弓力拳。

一种流传的说法是少林寺八大名师创拳说。在清朝中期，少林寺的八位名师结合八卦拳、通背拳、形意拳、六合拳、太极拳、少林拳、擒拿术等的精华，共同创立了弓力拳。

一种说法是镖局李文志创拳说。据传河北沧州郝庄子永胜镖局的李文志创立了弓力拳。李文志练了一身硬功夫，人们也叫他李石磙子。李文志的关门弟子王荣，由师傅传艺弓力拳，再加上本人刻苦训练，精益求精，是“津沽四王”之一。

一种说法是明朝初年，张家的先祖在南方的少林寺（有的说是大塔寺、帝塔寺）苦学弓力拳，后来按照师傅的意愿下山访友，在山东的浮云寺与寺内的师兄切磋拳技。当传至六世张文通那里时，经谱、家谱被一寺僧盗走。后来张家以张文通为始祖。此拳技当时只是家传并不外传。弓力拳传到第十四代传人张学时才向外传。光绪年间，张学在张家口开设镖局，把弓力拳向外传授给众多弟子以及亲戚。当时拳师们重技击轻理论，所以理论性、系统性的拳谱和手抄本没有露于世，导致后人虽在练法上大同小异，但其歌诀、动作名称以及拳谱各不相同。

山西祁县弓力拳的传承发展，可以追溯到19世纪20年代的祁县商人孔宪文、罗汉三、任连山、颉云鹤、高茂德、颉云鹏、杨福成等。当年他们在张家口经商期间，拜榆次的安项四为师，钻研弓力拳，后来他们把弓力拳带回了山西的祁县。弓力拳具有多种拳术的特点，是祁县晋商文化的一部分。弓力拳因传承的方式受到限制，已成为我国武术界稀有的拳种。

山西省榆次县（今榆次区）东阳镇的安项四，人们也称他为“四掌柜的”，他先是向他外祖父学拳，后来又向少林寺大庚师傅刻苦学习少林拳。随着山西晋商文化的兴起，安项四在张家口开设了三合镖局。当时安项四和别的镖局人比武，几乎没有人比他强。后来来自山东的张信在张家口也开设了镖局，安项四拜访张信并与之切磋拳术，在比武的过程中两人不分上下。安项四觉得张信的拳术很好，故而向张信师傅学习了弓力拳，再结合自身拳术的精华，把弓力拳练习到了炉火纯青的地步。

由于当初传承的方式为不外传，数百年来，弓力拳流传得不是很广。1984年，全国挖掘、整理传统拳术，山西在挖掘、整理弓力拳时，发现榆次、祁县及太原还尚有练弓力拳者，老拳师尚存的仅有榆次的王春武、胡润芳、郭维成等。

二、弓力拳的社会影响与拳法内容

弓力拳通过积极申报，于2017年11月9日被列入山西省第五批省级非物质文化遗产名录。

弓力拳在养性、防身御敌、健身、祛病延年等方面发挥了重要的作用，是我国优秀的拳种，也是我国宝贵的武术文化遗产。目前，掌握108式技艺的拳友已经找不到了，只有一部分人会练习54式。随着国家对传统文化的重视，我们也努力把弓力拳引进校园，开设弓力拳相关课程。

弓力拳分为上、中、下三路，一至五趟拆、一至五趟捶、大拆破、精捶十八打共十二趟对练，还有各种器械。山西有拳友练习大小拆破者和一至四趟捶，也有拳友练习一至五趟拆和一至五趟捶。

弓力拳的马步桩、弓步桩和其他拳种的挺胸收腹不同，马步桩要求微有含胸拔背之势，尾闾中正、足部不八要正，并且不要求缩腹抬臂；弓力拳要求起腿和落足之间做到腿部和足部的弹、压、缠、拧、勾、扭等动作，所以弓力拳在做弓步桩时要求后蹬腿和前腿弓，身体的重心落到弓步桩的正中间。一般而言，我们做弓步桩时一腿蹬，一腿弓，身体的重心要落在弓腿一侧，而弓力拳中的弓步桩要求身体重心落到正中间，这就要求练习者在平时一定要把胯和腰练灵活了。弓力拳对足部的要求是不二、不八、不丁、不入等，就是指在站弓步桩时要求足部不能形成“二”字形、“八”字形、“丁”字形和“入”字形等。站弓步桩时对双臂的要求是两手空握拳，并且虎口向上，弓腿一侧臂部稍微高于肩部，落点最终在膝部，蹬腿的一侧臂部稍微低于肩部，落点最终在足部，做到沉肩松腋。

腿部功法的练习主要是里合、压腿、蹬踹、正踢、外摆、后撩、蹲跳、弹腿等动作，其中一些动作的腿部路线要形成弧形，能够起到勾脚、踏脚面、套腿等作用，能够应对对方的勾、踩、套、蹬、点、踏等动作。腿部走弧形，要求脚尖下垂或者上跷，这样才能在做插点滑串连、进退旋绕倒、抽换排移斜、拐展摧搓垫等动作时保持一定的速度和幅度，做到出其不意，一招制敌。

三、弓力拳的特点与濒危状态

弓力拳是根据弓箭的一张一弛、一弦一背原理命名的。步法上要求起腿和落足做到弹、拧、穿、蹲、寸、箭、扭、进、旋、勾、跪、搓、蹬、悬、别、纵、蹬踹、抓、挂、扫、扑、掩、捕等。腿法上要求做到斜、连、移、展、换、点、抽、滑、搓、进、插、旋、退、倒、拐、垫、摧、绕、串等。弓力拳以它独特的步法，可以对付不同方向的对手。弓力拳强调肩靠、膝撞、脚踩、掌击、头滚、拳打、肘顶、指戳、胯挤等，讲究发力射箭、蓄力拉弓、身似弓弩、一动百动、弹力抖劲、四肢相合、柔而不散、刚而不滞、伸展串旋、缩身屈膝、动中求静、起横落顺、静中求动等。

弓力拳比较注重弓步桩、丁补桩、马步桩、蹬补桩，马步不稳手乱、弓步不稳手慢。弓步主要讲究足部有一种拉弓、蓄力、发力、射箭的感觉，同时要做到手如利箭、腰如中轴、脚如车轮。

由于以前弓力拳不外传，现在练习此拳的人较少。2017 年，弓力拳被申报为山西省第五批省级非物质文化遗产项目，近几年通过挖掘、整理，正一步一步努力进校园，扩大影响力。

第六节

王宗岳太极拳

王宗岳是明朝万历人，他在剑法、拳法、枪法上颇有研究，《太极拳论》《阴符枪谱》是他的代表作。

王宗岳太极拳是一项传统体育项目，也是山西省非物质文化遗产。它渗透着易经理论和道家哲学思想，并且与艺术、中医等结合，不仅能够用来积极对抗，还能够强健体魄。它讲究以柔克刚、不争先、无为而无不为、后发先至等。王宗岳太极拳在行、神、意、气等方面非常符合人体心理和生理的特点，对人体的身心健康具有一定的作用。

一、王宗岳太极拳的起源与传承发展

王宗岳是今山西省太谷区小王堡村人。在这个小村子里一直流传着这样一个故事：有一年，一个云游四方的道人在途经小王堡村时病倒了，由于邋里邋遢而被人嫌弃，只有王二不嫌弃，还将他背回家好生养着。道人很是感动，他见王二聪明好学又勤奋，就把自己所学的武功传授给王二。随着王二渐渐长大，功夫也有所长进。相传有一次在坟地里，王二用胳膊把一根巨大的石柱弄成了两半，这在方圆几十里一下传开了，人们渐渐地开始叫他“铁胳膊王二”。事后人们才知道当初教他武功的那个道士叫张三丰。史料记载，王宗岳的父亲被人们称为王祖通，他有三个儿子一个女儿，大儿子叫王宗行，二儿子叫王宗岳，小儿子叫王宗梁，可见“铁胳膊王二”就是王宗岳。

蒋发在明万历二十四年（1596年）拜王宗岳为师。王宗岳是王宗岳太极拳的创始人，蒋发是第二代传人，邢喜怀是第三代传人，张楚臣是第四代传人，陈敬柏是第五代传人，张宗禹是第六代传人，张彦是第七代传人，陈清萍是第八代传人。王宗岳是我国太极拳的一代宗师，他写的《太极拳论》为太极拳界至文，有着重要的地位。

二、王宗岳太极拳的社会影响与拳法内容

王宗岳写了著名的《太极拳论》。他命名了太极拳，把哲学和武术文化融合在一起，对太极拳的传承和发展起到了很好的作用。王宗岳把太极拳传给了蒋发，才逐步形成了现在的赵堡太极拳和吴、陈、武、杨、孙式太极拳。王宗岳和蒋发为太极拳的发展指明了方向。

王宗岳太极拳的拳法内容遵循静之则合、动之则分、随曲就伸、无过不及、动静之机、无极而生、气沉丹田、虚领顶劲、忽隐忽现等原理。

三、王宗岳太极拳的特点与濒危状态

王宗岳太极拳在技击上有自己的特点，要求以柔克刚、以静制动、借力发力、避实就虚、乘虚而入、全力还击、以弱胜强、以小胜大、以圆化直等。王宗岳太极拳的技击遵循阴阳之理，不仅可以训练人的速度、力量、反应能力等身体素质，还可以把来力化掉，再借力发力。长期练习王宗岳太极拳对人体的行、神、意、气都有一定的益处。目前我国王宗岳太极拳发展势态良好，练习人数众多，以中老年人居多。

第七节

散手迎风掌

散手迎风掌也叫迎风掌，是从《拳经》中演变形成的实战套路。该拳注重实用性。散手迎风掌讲究招法，比我国的陈氏太极拳和洪洞的通背缠拳还要早。散手迎风掌的特点是见手不算手，出手不见手，有“闪电手”之称，在我国的拳术中有着重要的地位。

一、散手迎风掌的起源与传承发展

散手迎风掌是从抗倭名将戚继光的《拳经》中发展而来的，到现在已经有400多年历史了。2012年，散手迎风掌被申报成为运城市市级非物质文化遗产项目，2017年被申报为山西省省级非物质文化遗产项目。山西临猗县的岳剑峰是散手迎风掌的主要传承人。

岳剑峰从6岁开始练武，刚入门时学的是少林拳系，在1959年拜山西霍州的张维汉先生为师，从这以后开始跟着师傅系统地学习软硬器械、散手迎风掌的拳理拳法和对练项目等，同时岳剑峰还拜灵石县朱亮清老师为师，跟其学习山西洪洞通背缠拳等。岳剑峰学有所成后，经常参加各类武术表演和比赛，也曾经得到郝学儒武术大师的教诲，他对形意拳、太极拳、少林拳、八卦拳、散手迎风掌等进行了深入的研究，使得散手迎风掌柔而不软、快如闪电、刚而不僵、灵活多变的短打风格为人们所熟知，为弘扬我国传统文化作出了积极的贡献。

二、散手迎风掌的社会影响与拳法内容

目前，散手迎风掌对外公布的东西很少，一直是秘传功夫，遵循严格的择

人传授规矩。2018 年岳剑峰的弟子许春元在湛江市开班收徒，成立了湛江散手迎风掌研究会，所收徒弟只要为人忠厚孝顺，对传统文化感兴趣，不分老弱幼，都会得到师傅的传授。

为了更好地传承散手迎风掌这一项文化遗产，2019 年 10 月 24 日至 28 日，在湖北省丹江口市举办的第八届武当国际演武大会对散手迎风掌实行单独立项。

24 式迎风掌是该拳的精华之处，每一组动作都是一组打法，每组动作有 3~6 个招法，这些招法都是千变万化、随意组合的，以快攻为主，讲究步稳力实、眼疾手快、随力而走、顺力而发、劲走螺旋、借人之力等。

三、散手迎风掌的特点与濒危状态

散手迎风掌这 24 式在招法上要求金蛇缠柳、风卷荷叶、迎风挥袖、仙女敬酒、二龙争珠、翻花舞袖等，在劲道上要求按实即吐、引化而发、封锁连环、劲走螺旋、手出脚随、埋跟断线、放长击远、冷弹脆快等，在行功上要求意会神中、动由心生、刚而不僵、招招连环、内劲贯串、自然而然、节节贯通、一式多变、柔而不软、浑然一体、畅胸实腹、一动全动等。

随着社会的快速发展，人们的生活方式发生了很大的变化，人们练习散手迎风掌的时间和精力不如以前。但我们一定要克服困难，把散手迎风掌传承好、推广好。

第八节

浑元一气功

浑元一气功内功和外功兼修，动与静相结合。它主要练习击打能力和承受能力，内练习吞吐功，外练习筋骨皮的操动和排打能力，不论是健身还是实战，对人们的生理和心理都有一定的益处。

一、浑元一气功的起源与传承发展

《黄帝内经》中记载，浑元一气功易学易懂、动作简单。申子荣是清朝末期拳师王新午的徒弟。他一生酷爱武术，浑元一气功是申子荣不断改进、整理出来的。申子荣是我国山西省平遥县洪善镇北长寿村人，一生对武术比较执着。民国时期，申子荣在中央国术馆先后向马英图、王新午学习劈刺、八极拳和浑元一气功，1956 年被选为陕西省武术代表以及全国武术指导员，参加各级比赛，多次获得全国以及全省武术太极拳比赛第一名的成绩。

1980 年，申子荣和他的弟子们作为山西省武术协会的代表，参加全国硬气功比赛，比赛地点在太原。申子荣所带的弟子所有参赛项目均获奖，并且《人民日报》和《光明日报》都对其进行了现场采访。

1981 年，申子荣带领他的弟子相继参加太原市、山西省乃至全国各种形式的比赛和表演，浑元一气功这项比较有特色的绝技得到了各界人士的喜欢和赞赏。同年孙敬向申子荣拜师，成功成为申子荣的嫡传弟子。申子荣一生传授众多弟子，但他的弟子孙敬是浑元一气功的传承人。孙敬天资聪慧，勤奋好学，刻苦锻炼，他在师傅申子荣教授的基础上，通过不断琢磨，创出了五章新功，并缩短了训练时间，开创了新的学习、训练方法。1983 年申子荣因病去世，传授浑元一气功的任务就落在了孙敬的肩上。

1988 年，浑元一气功被警卫部队纳入了日常的体能训练内容，目的是增强警卫人员的身体素质和保卫能力。孙敬担任日常训练的教练，在训练期间孙敬不断创新，制订了系统有效的训练计划，提出了百日千学时的训练方法。

1989 年，由孙敬提出的百日千学时的训练方法，在山西省总队警卫处警卫队中开始系统运用，经过一段时间的训练，警卫队的队员能够演练 20 多个硬功夫项目。孙敬在 3 年内进行了 6 次大型的浑元一气功百日训练。

1998 年，孙敬创建了山西将帅武术特技学校，更加促进了浑元一气功的传承和发展。浑元一气功不断完善，逐渐进入校园、警界、军营等，学习的人数众多。2011 年 6 月，通过孙敬的整理，浑元一气功成功申报为山西省省级非物质文化遗产项目。

二、浑元一气功的社会影响与功法内容

孙敬擅长浑元一气功，是国家一级武术裁判员和运动员。孙敬几十年来刻苦钻研，创新的百日千学时的方法培训了众多的学员，获评优秀教练、先进工作者、优秀教师等荣誉称号，在社会上有很大的影响力。

浑元一气功的运气动作就是用意识引导气流运行，主要有预备式、周天漫运（右推掌运气、左推掌运气、双插掌运气）、桩功运气（怀中抱月、大鹏展翅）、左弓步运气（右青龙探爪、左青龙探爪、双探爪）、右弓步运气、俯身调气（海底捞月、擎天双柱）、复原收势（右推掌运气、左推掌运气）。

浑元一气功的碰打动作包括预备势、碰打。碰打主要有右前臂内侧相碰、右前臂外侧相碰、右上臂外侧相碰、右上臂后侧相碰、右肩相碰、右胯相碰、右小腿外侧相碰、右小腿胫骨相碰、左前臂内侧相碰、左前臂外侧相碰、左上臂外侧相碰、左上臂后侧相碰、左肩相碰、左胯相碰、左小腿外侧相碰、左小腿胫骨相碰、背部相碰。

浑元一气功的整理活动主要包括预备式和敲打胸部。

三、浑元一气功的特点与濒危状态

浑元一气功是内功和外功相结合的实战武术，它主要分三种练法、三步功夫。第一步是起式（无我无他式）、吞吐功、澄心静气式、散气功；第二步是排

打五式；第三步是操动五式、按摩八式、散步式。

目前由于人们生活环境和生活方式的改变，练习浑元一气功的人相对以往有所减少，但我们已经将其申报为省级非物质文化遗产项目，在对其进行进一步挖掘、整理。

第九节

南少林五行拳

南少林五行拳是一种古老的传统拳术，又称五行柔术，人们也称之为迟功，是一种刚柔并济的五行拳。这里的五行指水、火、土、木、金，五行中的柔术指练气、养气之法。南少林五行拳最早起源于福建南少林寺，是寺内的拳种之一，所以称为南少林五行拳。

一、南少林五行拳的起源与传承发展

从《南少林五行柔术谱》中的记载得知，南少林五行拳起源于福建南少林寺，寺内的妙丹禅师会此柔术。清乾隆年间，福建南少林寺遭到朝廷的剿灭，相传在此次火焚中只有会五行柔术的妙丹禅师逃脱，其他僧人都未能在这次火焚中幸免。妙丹禅师离开了福建南少林寺，在行走的途中有一个叫李思元的人拜他为师，妙丹禅师把南少林五行拳传授于李思元。后来，李思元又把此拳传授于他的孙子李志英。当时李志英在天津开设镖局，是一个喜欢结交天下武林英豪的人。在1901年，有一个名叫董俊的山西太谷人拜李志英为师，从此南少林五行拳开始在山西一带传承，主要在山西省榆次区、晋源区晋祠镇、清徐县和汾阳市等地进行传播。

南少林五行拳的主要代表人物有妙丹禅师、李思元、李志英、祁文、黎元和尚、李晓琴、董俊、李晓红、刘松桥、余晋生、王三、苗雨林、毕礼仁、李锦文、申秉廉、刘毅、赵邦玉、梁毓禄、李国瑞、王正达、李桂昌、王怀青、陈定元、王振邦、宋根茂、段跃剑、石喜中、孟江、吴春明、程玉明、苏建军、王辅仁、李晓玲、李忠谚等。

二、南少林五行拳的社会影响与拳法内容

1983 年，李国瑞演练的龙拳、南少林五行拳、蛇拳被刊登在《体育报》的第三版少林五拳中。1994 年，李国瑞在北京现场教授北美唐手道协会拳法，同时被聘为北美唐手道协会的教练。1998 年，李国瑞演练的龙拳、南少林五行拳、蛇拳又被刊登在《武魂》杂志上。2011 年，李国瑞带领弟子在太原市举办的“文化大拜年、和谐满龙城”活动中演示南少林五行拳等拳种。2018 年，李国瑞带领弟子对莆田的南少林僧人进行为期一个月的教授。

南少林五行拳有徒手套路和对练套路。徒手套路有五掌、五形和四十二手。其中，五掌为拓掌、推掌、云掌、撵掌、摩掌。拓掌的歌诀为：拓掌如托天，练时宜庄重，气自丹田坐，劲力注掌心，拓应朝上举，紧通短马镫，三字沾按吐，全用小天星，按中始放力，吐气重开惊，法从避中取，实从虚处生。推掌的歌诀为：推掌如推山，势法如拓掌，唯一不同处，转圈前后向，由下往上推，劲若托天势，上下应互用，阴阳两相随。云掌的歌诀为：云掌用横力，两手上下分，手由丹田出，直起到眉齐，往外应翻滚，好似风卷云，左出右收回，右出左收回，左云左步进，右云右步进，云手分阴阳，出入不可忙。撵掌的歌诀为：撵掌似护栏，两手做回环，劲力注掌心，阴阳可互用，两掌撵出时，不可越眉心。摩掌的歌诀为：摩掌如滚球，太极抱怀中，其劲贯中指，浑元一气功，缠枯绵随滑，柔化吞吐惊。五掌为基本手法，可以混合练习，也可以单独练习，灵活多变，不可拘泥。

五形即龙形、虎形、豹形、蛇形、鹤形。龙形：龙形练神。以子午步站好，左足在前，右足在后，左足尖朝外踩，右手托出，身体下蹲，左右互练，变化无穷，是天然之性能也。虎形：虎形练骨。虎有扑食和坐窝之势，有臂尾起落不见形、猛虎坐窝出洞之说。豹形：豹形练力。豹有跳跃之能，并有越岭之势。蛇形：蛇形练气。蛇性最毒，蛇有拔草之巧，能绕能缠，盘旋之神，吞吐灵通，奥妙莫测。鹤形：鹤形练精。鹤善独立沉静，乃其他动物不可比。

三、南少林五行拳的特点与濒危状态

南少林五行拳讲究柔而圆、刚而柔、左刚右柔、柔退而刚进、迂实制柔、迂

虚而刚、虚实并进、刚柔相济。从天地阴阳五行之理来分析，人体可以分为内和外，我们把外看作阳，把内看作阴，气、背、首是阳，腹、血、足是阴，根据太极之变化，太极静而生阴，动而生阳。南少林五行拳主要是养气和练气，练气与养气同出一气之源。抓五行之理，练五行之体。

南少林五行拳对练习场地没有特殊的要求，练习者找一片空地就可以锻炼，在练习的过程中可以对全身部位进行活动，也可以对部分身体部位进行活动。

目前练习此拳的人数相对以往有所减少。生活环境的不断变化以及一些老艺人的相继离世，导致现在练习南少林五行拳的人数不是很多，但是其已被列入国家级非物质文化遗产名录，希望通过挖掘和整理，让更多的人了解南少林五行拳。

第十节

杨氏太极拳

杨氏太极拳在我国有悠久的历史，是一项传统体育项目，2011 年被申报为山西省第五批省级非物质文化遗产。

在太极拳的众多流派中，杨氏太极拳的动作柔和、拳架姿势简单易练，老人、小孩都容易上手，具有刚柔相济、积柔为刚、以腰为轴、身法突出、中正安舒、由松入柔、上下相随、轻灵沉稳、内外结合、轻松自然、含胸拔背等特点。它既能强身健体、愉悦身心，又具有一定的技击对抗作用。杨氏太极拳的器械主要有太极十三杆、太极刀、太极剑等。国家体育总局公布的太极拳 24 式和太极拳 48 式都是由杨氏太极拳演变发展而来的。

一、杨氏太极拳的起源与传承发展

杨氏太极拳主要是由杨福魁创新和整理出来的。杨福魁从小家贫，为人老实，勤奋好学。由于家贫，杨福魁在当时的广平府(治所在今河北省邯郸市广府镇)太和堂干活维持生计。药店的老板陈德瑚看杨福魁聪明能干、勤奋可靠，就让他到家中帮忙做工。杨福魁很是感激。他有一次看到陈长兴到陈德瑚家里教授学徒，就偷偷地在一旁观看，并且非常用心地记住一招一式，在闲暇时就刻苦练习。后来被老师发现了，老师被他的刻苦上进所感动，收他为徒，答应让他在不忙的时候正式学习太极拳。

杨福魁学拳有所成时年龄也不小了，已经是 40 多岁的人，当时他在家乡教授太极拳，用来维持生活。由于当时他武艺比较好，当地人称他为“杨无敌”。后来在好友的推荐下，他去了北京为一些王公贵族的孩子传授武术。这些孩子从小就在优越的环境中长大，吃不了苦，身体素质也一般。考虑到这些原因，杨福魁根据实际情况，把太极拳里一些有难度的动作改成了一些柔和好练习的动作，修改后的太极拳动作速度缓匀、舒展端正、柔和缓慢、深藏不露、和顺简洁、舒展大方、绵绵不断、轻沉兼有，整套拳结构严谨、浑厚庄重、中正圆满、轻灵沉着。修改后的动作更适合当时那些王公贵族的孩子练习，这在当时引起了不小的反响，学习的人增多。

杨福魁是杨氏太极拳的奠基人，他把一生所学的太极拳传给孩子杨班侯和杨健侯。他们俩从小跟随父亲学武，对武术有着极高的悟性，同时他俩也跟师傅武禹襄学习太极拳的理论知识。这些理论知识为后来他们学习拳术奠定了一定的基础。杨班侯在学习父亲传授的杨氏太极拳的同时，把杨氏太极拳和武氏太极拳的精华相结合，创编出了108式中平大架太极拳，对杨氏太极拳的发展起到很好的推动作用。杨班侯是一位爱国人士，在法、英等国入侵中国时，他还和清军一起誓死抵抗侵略。杨班侯的爱国精神感动了众多人，所以跟随他学习武术的爱国人士与日俱增。

杨健侯的一生也受父亲的影响，他对刀、剑、拳等无不精通。在不断地努力和琢磨下，杨健侯创编出定步四正推手。这套推手更符合中老年人的身体素质特点。定步四正推手的推出，进一步扩大了练习太极拳的人群范围，对太极拳的传播和发展起到了积极的作用。

杨健侯之子杨澄甫，晚年的时候在继承父辈刀、剑、拳、散手、对刀、大捋、点穴、黏剑及内功的基础上，将杨氏太极拳的套路逐渐创新定型，对杨氏太极拳的发展起到了承前启后的作用，并且他一生出版了多本有关太极拳的书，代表作有《太极拳体用全书》《太极拳使用法》《太极拳术》等，为后来学习太极拳的拳友们提供了宝贵的实践和理论资料。国家体委（今国家体育总局）从20世纪50年代起大力推广太极拳，在杨澄甫练习的85式太极拳的基础上，通过挖掘、整理，推出了24式太极拳和88式太极拳，1957年出版了规范教材《太极拳运动》，1988年推出了杨氏太极拳的竞赛套路，1990年推出了42式太极拳竞赛套路，为杨氏太极拳的发展提供了强有力的保障。

崔立志是北方杨氏太极拳的主要代表人物，他的师傅是杨澄甫先生。在杨澄甫先生的悉心教导之下，崔立志刻苦练习，潜心练功，得其真髓。他是杨氏太极拳的第四代传人，也是杨氏太极拳的主要传人之一。崔立志和师傅常常在武汉、南京、西安、上海、兰州、杭州、安徽、汉口、广州等地传授拳术。崔立志豪爽、善良、忠厚，一心扑在杨氏太极拳上，十年如一日地潜心练功，功底深厚。崔立志的太极拳具有出手绵软、善化善发、轻灵机敏、虚实分明、柔中寓刚、动之至微、听之至细等特点。崔立志在教授学生的过程中，态度严谨，对教和练一丝不苟。

二、杨氏太极拳的社会影响与拳法内容

杨氏太极拳经历了从产生到定型的一个漫长过程，它是养生、哲理、武术、艺术、引导术等多方面的完美结合。练习杨氏太极拳不受时间、场地、器材等条件的限制，并且简单好学。

对于青春期的孩子们来说，由于正处于长身体的阶段，从内脏各器官到神经系统，从骨骼到肌肉都需要全面锻炼，才能保证身体的健康成长，而练习杨氏太极拳可以使青春期的孩子们身体得到全面的锻炼，能够使孩子们的身体得到充分的拉伸，长期练习可以促进青春期孩子们的生长发育。同时，处于青春期的学生心理压力很大，精神处于紧张的状态，长期下来容易出现焦虑、易怒、头痛、神经衰弱等问题。再加上现在人们的生活水平提高了，孩子们缺乏艰苦环境的磨炼，意志相对薄弱，缺乏吃苦耐劳的精神，所以很多学校开设了杨氏太极拳课程，因为长期练习杨氏太极拳可以稳定情绪，提高心理素质，磨炼意志，培养果断、顽强、坚强、有毅力的优良品质。这也是当下很多年轻人练习杨氏太极拳的一个重要因素。

杨氏太极拳对中老年常见疾病有一定的作用。中老年人容易出现一些常见的病症，慢性腰腿痛、糖尿病、神经衰弱、骨关节病、肥胖病、慢性支气管炎、高血压等患者适合练习杨氏太极拳，长期坚持练习，病情能够得到一定的好转。老人们常说脘腹胀闷、嗳气反酸等都属六腑不通，长期练习杨氏太极拳可以增加腹肌和膈肌的力量，有利于促进食物在胃肠道排空，还可以缓解便秘、消化不良、慢性胃肠炎等消化系统疾病的症状。我们在日常练习杨氏太极拳时要做到身、心、眼、手、步等协调一致，做到静中有动、动中有静、动静结合、独立稳健、缓慢进退、上下相随等，所以长期练习杨氏太极拳对失眠、记忆力减退和神经衰弱等有良好的治疗和预防效果。中老年人群长期练习杨氏太极拳，对骨骼系统有良好的刺激作用，能够减少体内矿物质的流失，保持中老年

人群骨钙与血钙之间的动态平衡。同时通过练习杨氏太极拳，一些中老年人的心理问题也得到了好转。我们要大力传承杨氏太极拳，通过挖掘、整理、继承和创新，把杨氏太极拳纳入学校的体育教学中。

山西省杨氏太极拳协会作为首个省级业余的武术团体，先后参加了5届国际邀请赛和21届全省比赛，协会成员从最初的几百人增加到现在的几万人，对山西全民健身起到了很好的促进作用。

传统的杨氏太极拳有85个动作，下面是它的拳谱：①预备式；②起势；③揽雀尾；④单鞭；⑤提手上势；⑥白鹤亮翅；⑦左搂膝拗步；⑧手挥琵琶；⑨左右搂膝拗步；⑩手挥琵琶；⑪左搂膝拗步；⑫进步搬拦捶；⑬如封似闭；⑭十字手；⑮抱虎归山；⑯肘底看捶；⑰左右倒撵猴；⑱斜飞式；⑲提手上势；⑳白鹤亮翅；㉑左搂膝拗步；㉒海底针；㉓扇通背；㉔撇身捶；㉕进步搬拦捶；㉖上步揽雀尾；㉗单鞭；㉘云手；㉙单鞭；㉚高探马；㉛左右分脚；㉜转身左蹬脚；㉝左右搂膝拗步；㉞进步栽捶；㉟翻身撇身捶；㊱进步搬拦捶；㊲右蹬脚；㊳左打虎式；㊴右打虎式；㊵回身右蹬脚；㊶双风贯耳；㊷左蹬脚；㊸转身右蹬脚；㊹进步搬拦捶；㊺如封似闭；㊻十字手；㊼抱虎归山；㊽斜单鞭；㊾野马分鬃；㊿揽雀尾；(51)单鞭；(52)玉女穿梭；(53)揽雀尾；(54)单鞭；(55)云手；(56)单鞭；(57)下势；(58)金鸡独立；(59)左右倒撵猴；(60)斜飞式；(61)提手上势；(62)白鹤亮翅；(63)左搂膝拗步；(64)海底针；(65)扇通背；(66)转身白蛇吐信；(67)搬拦捶；(68)揽雀尾；(69)单鞭；(70)云手；(71)单鞭；(72)高探马带穿掌；(73)十字腿；(74)进步指裆捶；(75)上步揽雀尾；(76)单鞭；(77)下势；(78)上步七星；(79)退步跨虎；(80)转身摆莲；(81)弯弓射虎；(82)进步搬拦捶；(83)如封似闭；(84)十字手；(85)收势。

打一套传统的杨氏太极拳有85个动作，大约需要20分钟，现在简化的24式太极拳是在杨氏太极拳的基础上，通过不断删减大难度动作和重复动作改编出来的。打一套简化24式太极拳需要5分钟，简化太极拳的特点是柔和平稳，男女老少皆宜，适应面比较广。

下面是简化24式太极拳拳谱：①起势；②左右野马分鬃；③白鹤亮翅；④左右搂膝拗步；⑤手挥琵琶；⑥左右倒卷肱；⑦左揽雀尾；⑧右揽雀尾；⑨单鞭；⑩云手；⑪单鞭；⑫高探马；⑬右蹬脚；⑭双风贯耳；⑮转身左蹬脚；⑯左下势独立；⑰右下势独立；⑱左右穿梭；⑲海底针；⑳闪通臂；㉑转身搬拦捶；㉒如封似闭；㉓十字手；㉔收势。动作要领如下。

1. 起势

身体自然直立，两脚左右分开，脚尖向前，两臂自然下垂，同时放在大腿的外侧，两眼向前看。这里我们要注意的是，头颈正直，不要故意挺胸或者收腹。然后两臂慢慢向前平举，两手自然分开，与肩部同高，手心向下，上体要正直，但是两腿要屈膝下蹲，两掌轻轻下按，这时两肘要与两膝相对，眼睛要看前方。这里要注意的是，屈膝下蹲的时候，身体的重心要落在两腿中间，两臂下落和身体下蹲动作要协调一致。见图 6-1。

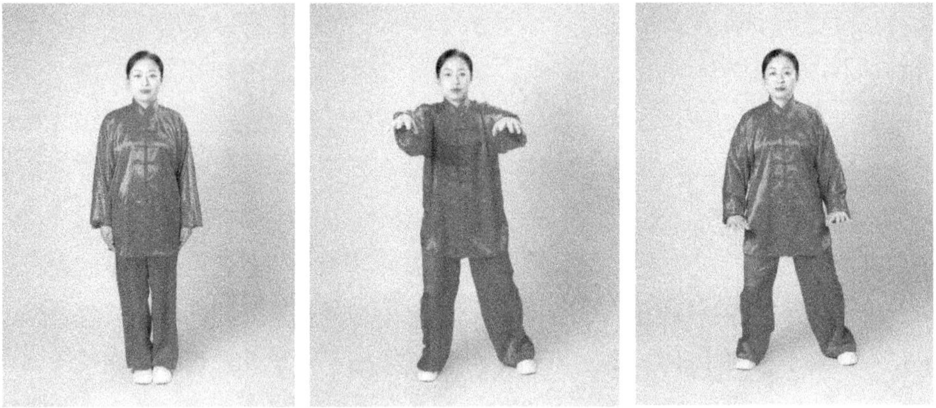

图 6-1　起势

2. 左右野马分鬃

上体在微微向右转的时候身体的重心要移到右腿上，这时候右臂要收到胸前，并且平屈，同时手心向下，左手经体前向右下画弧放在右手下，形成两手上下合抱的姿势。这时候左脚要收到右脚的内侧，不是全脚掌着地而是脚尖点地，眼睛要看右手。然后上体微微向左转体，左脚这时候向左前方迈出成左弓步，同时上体继续向左转，左右手随转体分别左上、右下自然分开，左手高与眼平，右手落在胯侧且手心向下。上体后坐的同时身体的重心移到右腿上，左脚脚尖跷起来，同时微微向外撇，右脚掌缓慢踏实，左腿前弓，身体在左转的同时重心要移至左腿，左手慢慢向下翻转，左臂收于胸前平屈，两手呈抱球的状态。右脚向右前方迈出的同时左脚自然伸直，站成右弓步，做到弓步分手，眼睛要注视右手的指尖。这里要注意的是，在做弓步的时候身体不能前俯后仰，做弓步动作要和分手动作协调一致。见图 6-2。

图 6-2　左右野马分鬃

3. 白鹤亮翅

上体向左转同时左手翻掌向下，右手这时向左上画弧，手心转向上，与左手成抱球的状态，这时右脚跟进半步，脚掌落地，左脚向前移，成左虚步，同时上体微向左转，两手随着转体向右上左下分开，转向前方虚步亮掌，前脚脚掌这时要虚点地面。这个动作要注意胸部不要挺出，两臂上下要保持半圆形，重心后移，坐腿转腰分手。见图 6-3。

图 6-3　白鹤亮翅

4. 左右搂膝拗步

第一步，右手缓慢从身体前边下落，由下向后上方画弧到右肩的外侧，右肘微屈，右手与耳同高，右手心斜向上，左手从左下向上，再向右下方画弧到右胸前，同时上体先微微向左转再向右转，左脚收到右脚内侧。这时不要全脚掌着地，而是脚尖点地，眼睛要看右手。第二步，上体微微左转，左脚向前并且偏左，迈成左弓步，同时右手屈回从耳侧向前推出，左手向下由左膝前搂过落于左胯旁。第三步，上体后坐，身体重心移到右腿，左脚尖翘起微向外撇，然后脚掌慢慢踏实，左腿前弓，身体左转。右脚收到左脚内侧，不是全脚掌着地，而是脚尖点地，这时左手画弧到左肩外侧，右手随转体向上、向左下画弧落于左胸前，眼看左手。第四步与第二步左右相反。第五步与第三步左右相反。第六步与第二步相同。这组动作的要点是转体摆臂、摆臂收脚、上步屈肘、弓步搂推、转体撇脚、摆臂收脚、上步屈肘、弓步搂推、转体摆臂、摆臂收脚、上步屈肘、弓步搂推等。见图 6-4。

图 6-4　左右搂膝拗步

5. 手挥琵琶

右脚向前跟进半步的同时上体微微后坐，身体的重心转至后腿上，这时左脚微微提起稍向前移，变成左虚步，脚跟着地，脚尖翘起。同时左手由左下向上挑举，右手收回，放在左臂肘里侧。掌心向左，眼看左手食指。这组动作的要点是后脚跟进半步、重心后移，两手交错交换、虚步合手，两手成侧立掌。见图 6–5。

图 6–5　手挥琵琶

6. 左右倒卷肱

左右倒卷肱的动作顺序为右倒卷肱、左倒卷肱、右倒卷肱、左倒卷肱。

第一步，上体右转的同时，右手撤手转腰翻掌，提左脚向后退一步，左臂屈肘后撤，撤到左肋外侧，上体微微向左转，坐腿虚步推掌。第二步，撤手转腰翻掌，屈臂转腰提脚退步，坐腿虚步推掌。第三步重复第一步动作。第四步重复第二步动作。这组动作的要点是前推手不要伸得太直，后撤的手也不要直向回抽，动作不要僵硬。见图 6–6。

图 6-6　左右倒卷肱

7. 左揽雀尾

上体微微向右转，做到转体撤手、抱手收脚、转体上步时脚跟先落地、弓步掤手、转腰摆臂两手送到前边去翻转、手心相对、转体后捋、转身搭手仍转向正前方、右手心贴在腕关节内侧、弓步前挤、坐腿引手、弓步前按。这组动作的要点是下捋时，上体不可以前倾，两臂下捋需要随腰旋转，但是臂部不可以凸出，要走弧线，左脚要全脚掌着地。在向前挤时，上体不要前俯后仰，挤的动作要与松腰和弓腿一致。做前按的动作时，两手要走曲线，左右手的两肘要微屈。见图 6-7。

图 6-7　左揽雀尾

8. 右揽雀尾

上体后坐的同时向右转，身体重心转到右腿上，做到转体分手、坐腿抱球收脚、转体上步、弓步掤手、转体摆臂、坐腿转腰向下向后捋、转体搭手、弓步前挤、分手坐腿后引手(也叫后掤)、弓步前按。这组动作与左揽雀尾相同，只是左右相反。见图 6-8。

图 6-8　右揽雀尾

9. 单鞭

上体后坐，身体重心移至左腿上，右脚尖里扣，上体左转的同时两手左高右低向左弧形转动，伸于身体左侧，右手经腹前运至左肋前。这时身体重心移到右腿上，上体右转，右手向右上方画弧到右侧方变勾手，最后，左脚向左前侧方迈出，成左弓步，这时左掌随上体左转并翻转向前推出。这组动作要做到上体正直，右臂肘部稍下垂，左肘和左膝上下相对，两肩部下沉。见图 6-9。

图 6-9　单鞭

10. 云手

第一步，身体重心移到右腿上，身体逐渐向右转，左手经腹前向右上画弧至右肩前，这时右手变掌，手心向右前。第二步，上体左转，左手由脸前向左侧转，手心转向左手，右手由右下经腹前向左上画弧，至左肩前，同时右脚靠近左脚。第三步，上体再向右转，左手经腹前向右上方画弧至右肩前，右手向右侧转，手心向右，左腿向左横跨一步。第四步同第二步。第五步同第三步。第六步同第二步。这组动作的要点是身体转动要以腰脊为轴，做到松腰、松胯，不能忽高忽低，两臂随腰的转动而运转，整个动作的速度缓慢均匀。见图 6-10。

图 6-10 云手

11. 单鞭

上体向右转，右手也向右转，转到右侧方时变成勾手，左手这时要经腹前向右上画弧到右肩前，手心向内，身体的重心要落在右腿上，左脚的脚尖点地，然后上体微微向左转，同时左脚向左前侧方迈出，这时右脚跟后蹬成左弓步，左掌缓慢翻转的同时向前推出成单鞭的姿势。这组动作的要点与前边的单鞭相同。见图 6-11。

图 6-11 单鞭

12. 高探马

右脚跟进半步，做到跟步翻掌，两手心向上，两肘微屈，左脚跟渐渐离地，上体微微向左转体，做到坐腿屈臂收手，左脚微微向前移，脚尖点地，做到虚步推掌，左手收到腹前。这组动作要注意的是，上体正直，双肩下沉，跟步移换重心时身体不要有起伏。见图 6-12。

13. 右蹬脚

左手手心向上，缓慢前伸到右手腕背面，两手交叉，向两侧分开逐渐向下画弧，左脚提前向左前侧方进步，右腿蹬直成左弓步，然后两手由外圈向里圈画弧，做到抱手收脚，两臂左右画弧分开平举，右腿屈膝提起，做到蹬脚分手，眼看右手。这组动作要注意身体要稳，不可前俯后仰。见图 6-13。

图 6-12 高探马

图 6-13 右蹬脚

14. 双风贯耳

右脚收回，屈膝平举，左手由后向上，再向前下落到体前，两手心均翻转向上，这时两手同时向下画弧分落于右膝盖两侧，然后右脚向右前方落下，成右弓步。同时两手下落，握拳，分别从两侧向上、向前画弧，前方做到弓步贯拳。这组动作的要点是，做完动作时松腰松胯、头颈正直、沉肩坠肘、两手握拳要松。双风贯耳的弓步和身体方向与右蹬脚方向相同。见图 6-14。

15. 转身左蹬脚

左腿屈膝后坐，身体重心移到左腿，上体左转的同时右脚脚尖里扣，两拳变掌，由上向左右画弧分开平举，做到坐腿转身分手扣脚，眼看左手。然后身体重心移到右腿，左脚收回，抱手、收脚，重心后坐。最后两臂左右画弧分开平举，做到分手蹬脚，方向为左前方 30°。这组动作与右蹬脚式相同，只是左右相反。见图 6-15。

图 6-14 双风贯耳

图 6-15 转身左蹬脚

16. 左下势独立

左腿收回平屈，上体右转，右掌变勾手，左掌向上、向右画弧下落，立在右肩前，做到收脚摆手提勾，出脚落手。右腿慢慢屈膝下蹲，左腿伸出，成左仆步，这时左手向左下顺左腿内侧向前穿出，做到仆步穿掌。然后随着身体的前移，以左脚跟为轴，脚尖向外撇，左腿前弓，右腿后蹬，上体微微向左转，起身，同时左臂前伸成立掌，右勾手下落。最后，右腿提起平屈，成左独立式，右勾手变掌。这组动作要注意的是，做动作时上体正直，独立的腿微屈，右腿提起时脚尖自然下垂。见图 6-16。

图 6-16　左下势独立

17. *右下势独立*

右脚落于左脚前，脚掌着地，以左脚前掌为轴脚跟转动，身体向左转的同时，左手向后平举变勾手，这个动作要做到落脚转身，摆手提勾。右掌随着转体向左侧画弧，立于左肩前。左腿慢慢屈膝下蹲，右腿由内向右伸出，成右仆步，右手下落，掌心向外，向右下顺右腿内侧向前穿出，眼看右手。身体重心前移，以右脚跟为轴，脚尖尽量向外撇，右腿前弓，左腿后蹬，左脚尖里扣，上体微微向右转并向前起身，同时右臂向前伸出立掌。最后左腿慢慢提起平屈成右独立式，同时左勾手变掌，并由后下方顺左腿外侧向前弧形摆出，屈臂立于左腿上方。这组动作要注意的是，右脚尖触地后必须稍微提起，再向下仆腿。见图 6-17。

图 6-17　右下势独立

18. *左右穿梭*

第一步，身体向左转体，左脚向前落地，脚尖外撇，右脚跟离地，两腿屈膝成半坐盘式。然后抱手收脚，脚尖点地，眼看左前臂。第二步，身体右转，右脚向右前方迈出，成右弓步，右手由脸前向上举并翻掌停在右额前，左手先向左下再经体前向前推出，手心向前，眼看左手。第三步，身体重心移到右腿，左脚跟进，两手在右胸前成抱球状态。第四步同第二步，只是左右相反。这组动作要注意的是，完成姿势为面向斜前方，手推出后，上体不可前俯，手向上举时要防止引肩上耸，一手上举一手前推，与弓腿松腰上下协调一致。见图 6-18。

19. *海底针*

右脚向前跟进半步，身体重心移到右腿上，左脚向前移，同时脚尖点地，成左虚步，然后身体微微向右转，右手下落经体前向后、向上提到肩上耳旁，

图 6-18　左右穿梭

再随身体左转，由右耳旁斜向前下方插出。这时左手向前、向下画弧落于左胯旁，指尖向前。这组动作要注意的是，身体先向右转再向左转，上体不可太前倾，不能低头和臂部外凸。见图 6-19。

图 6-19　海底针

20. 闪通臂

上体稍微向右转体，左腿向前迈出，屈膝弓腿成左弓步，同时右手由体前上提，屈臂上举，掌心翻转斜向上，左手经胸前向前推出，高与鼻尖平，手心向前，眼看左手。这组动作要注意的是，上体正直、松腰、松胯，左臂不要完全伸直，推掌、举掌和弓腿的动作要协调一致。见图 6-20。

图 6-20　闪通臂

21. 转身搬拦捶

上体后坐，身体的重心移到右腿上，左脚脚尖里扣，身体向右后转，身体的重心再移到左腿上，右手随着转体向右，向下经腹前画弧至左肋旁，左掌上举于头前。掌心斜向上，眼看前方。向右转体，右拳经胸前向前翻转撇出，拳心向上，左手落于左胯旁，同时右脚收回后，即向前迈出，脚尖外撇。然后身体的重心移至右腿上，左腿向前迈一步，左手上起经左侧向前画弧拦出，右拳向右画弧收到右腰旁。最后左腿前弓成左弓步，同时右拳向前打出，左手附于右前臂里侧。这组动作要注意的是，右拳不要握得太紧，右拳回收时，前臂慢慢内旋画弧，然后外旋停于右腰旁。见图 6-21。

图 6-21　转身搬拦捶

22. 如封似闭

左手由右腕下向前伸出，穿手翻掌，翻转向上，同时身体后坐，做到后坐收掌，最后弓步前按。这组动作要注意的是，身体后坐的时候要避免后仰，同时臂部不可凸出，两臂随身体回收时，肩和肘要略向外松开，不要直着抽回。见图 6-22。

图 6-22　如封似闭

23. 十字手

屈膝后坐，身体重心移到右腿，左脚尖里扣，向右转体，右手随着转体动作向右平摆画弧，与左手成两臂侧平举，同时右脚尖随着转体稍向外撇，成右侧弓步，然后身体重心移到左腿，右脚尖内扣，向左收回，成开立步，这时两手向下经腹前向上画弧交叉合抱于胸前，两臂要撑圆，成十字手。这组动作要注意的是，两手分开和合抱时，上体不要前俯，站起后，身体自然正直，头微微向上顶。见图 6-23。

图 6-23　十字手

24. 收势

两手向外翻掌，做到翻掌分手，垂臂落手，并步还原。这组动作要注意的是，两手左右分开下落时，注意全身放松，呼吸平稳后，把左脚收到右脚旁。见图 6-24。

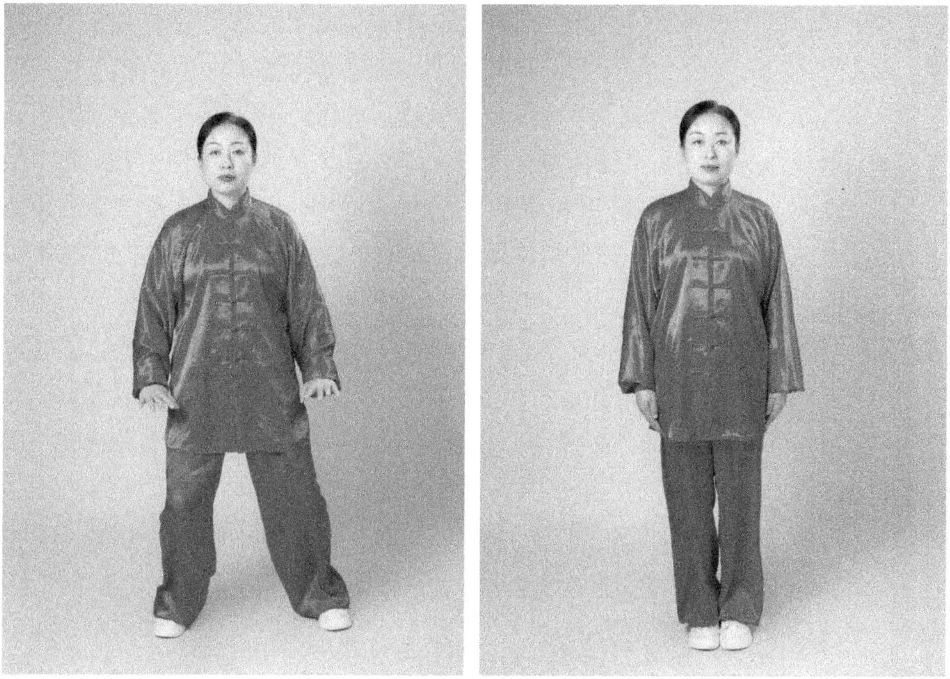

图 6–24　收势

三、杨氏太极拳的特点与濒危状态

杨氏太极拳整套动作的拳架看起来比较优美舒展、开展大方，整套动作要求一气呵成。练习杨氏太极拳要做到刚柔相济、动作和顺、由松入柔、身法中正等，其中重点强调的是立身中正。立身中正指练习杨氏太极拳的大部分动作要做到身体上、中、下保持垂直不偏，做动作的时候不要前俯后仰，同时脊椎要在放松的状态下垂直，形成上下对拉拔长。比如白鹤亮翅这组动作就将左右对拉拔长展现得淋漓尽致。这也是用来衡量拳架是否做得大方的一个标准。

杨氏太极拳的另一个特点是强调松。它和陈氏太极拳的不同之处是，陈氏太极拳里有一些跳跃、弹抖和震脚等有劲、刚猛的动作，而杨氏太极拳里没有这些，它讲究的是运柔成刚、由松入柔、绵里藏针、大松大柔。

杨氏太极拳在功法上讲究虚实转换，每个动作都要做到虚实分明。很多动作都是一只腿是虚的，另一只腿承担身体的重量，也就是当身体的重量在左腿上时，右腿就为虚，做到左腿为实右腿为虚；当身体的重量在右腿上时，左腿就为虚，做到右腿为实左腿为虚。在 85 式杨氏太极拳里，大部分的动作是一腿虚一腿实的，只有少部分动作是两腿共同承担身体的重量。

杨氏太极拳的身法讲究所有动作都要靠腰来带动，腰部一动，全身动，腰部一静，全身静。所以如果要练习杨氏太极拳，在日常的训练中一定要练习腰部，比如腰转、腰拉等，腰部要带动手和脚，比如动作云手，就是腰带手进行转动的一个典型动作，再比如腰部带动脚部的动作——虚步的前脚掌也是靠腰去带转的，因为它没有独立的动作。所以我们说杨氏太极拳主要是靠腰部的力量去带动其他部位，这种锻炼的方式方法不仅能够起到强身健体的作用，还能够提高防身技击方面的水平。

我们在练习杨氏太极拳的时候，要遵循以下要领：沉肩坠肘、分虚实、相连不断、用意不用力、动中求静、内外相合、上下相随、含胸拔背、松腰、虚灵顶劲等，同时遵循以下准则：健、圆、正、灵、松、稳、柔、沉、匀、实。

杨氏太极拳的掌分为坡掌、横掌、坐腕立掌、垂掌、不坐腕的立掌、扣掌、仰掌、俯掌等。不同的掌有不同的特点，比如坐腕立掌就要求手心向前，同时要做到坐腕。不坐腕的立掌要求做到前立掌，手掌向前微俯，不坐腕。俯掌要求做到手心向下，比如搂膝掌、白鹤亮翅式的左掌。扣掌要求做到掌根向里微微内扣。横掌要求做到横向摆掌，同时手心向前。坡掌要求做到手心斜向前下的同时手背呈坡形。仰掌要求做到手心向上。杨氏太极拳里的掌是有讲究的，不能随意出手。

杨氏太极拳的步分为前虚后实步、弓蹬步、横行步、骑马式、开立步、仆步、独立步等。不同的步有不同的特点，横行步要求做到左脚向左横跨一步的同时，两脚平衡站立，右脚为实左脚为虚，两脚的脚尖都向前。仆步要求做前弓后蹬步的同时后边的脚外撇，并且后边的脚坐实，身体和胯部下蹲，前脚的脚尖向前，身子稍向一侧俯。开立步要求两脚左右开立，两脚的脚尖向前，两脚全脚掌着地，虚实不分。横行步要求左脚向左横跨一步的同时两脚平衡站立，这时右脚为实，左脚为虚，两脚的脚尖都向前。

杨氏太极拳作为老拳架，因传人较少，练习者不是很多，已经处于濒临失传的境地。

第十一节

形意拳

形意拳是我国传统武术当中的一个拳种，也叫行意拳。它在创立最开始的时候也叫心意六合拳(心意拳)，也就是心与意合、意与气合、手与足合、肩与胯合、肘与膝合、气与力合。形意拳以五行拳为基础，主要是崩、横、炮、劈、钻，并且它与木、土、火、金、水五行相配。形意拳把五行生克转换的哲理贯穿到了拳法的攻防之中，还根据动物的特性创新了一些拳法，主要是虎形、鸡形、鼍形、马形、龙形、蛇形、燕形、猴形、鲐形、熊形、鹰形、鹞形等。

一、形意拳的起源与传承发展

形意拳作为我国的一个古老拳种一直流传至今，有关它的起源有不同的说法。目前主要有三种说法。

第一种说法认为形意拳由一个叫达摩的天竺高僧所创。他到中国传授佛经，在河南省郑州市登封市的嵩山少林寺面壁而化，后来嵩山少林寺出现了很多武艺高强的高僧，所以人们就认为达摩是形意拳的始祖，甚至有诗人还作了一首咏达摩的诗来纪念他。

第二种说法认为形意拳是岳飞所创。岳飞从小习文练武，吃苦耐劳，足智多谋，随师傅周侗和陈广练习拳术、刀术和枪术等，练得一身好武功后，在抗金的战斗中，自如地应用拳术、刀术和枪术。他特别精通枪法，脱枪当拳，英勇无比。后来岳飞被害，他练习的拳术随着他的死亡而销声匿迹。

第三种说法认为形意拳是明末清初山西蒲州人姬际可所创。山西蒲州也就是今天的山西省永济市。相传姬际可拜师学艺，朝夕研练，精通枪法。为了在战斗中没有刀、枪时的自卫，他参照所练的枪法，创新出了心意拳，并且领略到所练之拳的奥妙。他中年时期因参加抗清复明的活动，隐居少林寺 10 余年之久。姬际可把武艺传给了曹继武，曹继武把武艺传给了马学礼。后来安徽的曹继武又把拳传给了山西省祁县人戴龙邦，戴龙邦学有所成后，把心意拳不仅传给了他的儿子，还传给了李飞羽。李飞羽将心意拳改成了形意拳。

《形意拳术探微》这本书中讲到，在 1849 年，李飞羽经他的同乡介绍，为山西太谷的一家富绅护院，在护院期间，孟綍如把贺运恒、车永宏、李广亨介绍给李飞羽，李飞羽收他们为徒，正式传授形意拳，同时李飞羽也把形意拳传授给了有学识的孟綍如。孟綍如学识渊博，为人正直，他十分看重李飞羽的武功和武德，两人常常在一起切磋武艺。他为李飞羽收徒制定了一些规章制度，比如，三义务、三传、六不传的武德纪律。这些所谓的武德纪律就是所收的学徒应尊师尊长者、为国为民者和做人做义者，要有扶弱救贫和维护正义的精神，不要忘恩负义、欺压弱者。

车永宏是李飞羽的众多弟子之一，他平时在训练中不仅刻苦练习，而且还喜欢琢磨拳法，所以在众多的拳友之中出类拔萃。在国家危难之时，车永宏展现出爱国的一面，他积极传授形意拳，并且与师傅李飞羽不断对古老的形意拳进行创新。通过不断的实践，他们把弓步改为坐银剪步，称为形意半马步，形意半马步也成为形意拳的基本步法；把戴氏心意桩功改为形意三体式桩功；把戴氏心意五行拳改为五行连环拳等。

李飞羽和车永宏师徒二人不断琢磨形意拳的拳法内容。他们创编了五行生克拳、五花炮、挨身炮等一些对练的套路，这也是形意拳发展史上的一次飞跃。师徒二人通过不断的研究和实践，认为心意拳是由内意和外形相结合而产生的，有取意合象形的意思，所以在传授拳术时，把心意拳改为形意拳。

1867 年，师傅李飞羽去了河北，徒弟车永宏一边教授徒弟，一边钻研形意拳。他对形意拳进行了大胆的改革和创新。他改编的代表性的动作主要是以下几个：把五行拳中钻、炮、横、劈和十二形中熊、虎、鹰、马、蛇等拳术的一个回身法改为倒插步回身，少林弹腿改为形意弹腿，并且对一些比较烦琐的动作进行了删减，同时把五行连环拳创编成进退连环，把五行生克拳改为五行炮，并且他根据挑、云、斩、裹、截、挎、拎、顶等形意拳的这些特征创编出了八势拳。

后来，车永宏在天津和日本人比剑术，车永宏击败日本人，之后和车永宏以武会友的人数与日俱增，每天全国各地的名师来访众多。车永宏与他的弟子李复祯不断改进拳术，并创新出了一些新的练习套路，主要有散兵和散手练习、对劈刀等对练套路，以及一些步法、手法的练习，例如狮吞手、阴阳把、迂回步等；在技击上也不断改革创新，主要有快打猛攻、乱而取之，引进落空、智而取之等。车永宏的传人主要有吕学隆、郭玉山、孟兴德、刘俭、王之贵、孟天赐、白光普、李复祯、武杰、王凤翙、李发春、樊永庆、王培本、许承麟、布学宽、王丕春、李发春、贾祯，号称十八弟子。

李飞羽所传弟子宋世德、宋世荣定居在山西省的太谷，他们与山西省晋中市榆次区的李广亨一起在太谷传授形意拳，使太谷形意拳一时声名鹊起，后来成为山西省形意拳车、宋两大流派的奠基人。李广亨的传人主要有牛利、白解和，宋世荣的传人主要有任尔奇、宋虎臣、宋铁麟、贾蕴高等人。

李飞羽回到河北后，一边钻研拳术，一边招收徒弟传授武艺，培养后辈人才，他在河北所传授的徒弟主要有刘晓兰、郭云深、贺运亨、刘奇兰等，他们也具有自己的拳术风格，被称为河北流派的形意拳。

1914 年，刘俭、布学宽、宋铁麟、李存义、李复祯等人共同商讨形意拳门人的辈次，通过大家的共同讨论，将李飞羽认定为形意拳的第二代传人，并梳理好门人辈次，让后人有谱可查。1914 年，郝恩光第一次把我国的形意拳传到了国外，这也是中国拳师第一次教授外国人学习我国的形意拳。

1918 年，韩慕侠采用形意拳击败了俄国的武士，为我国争得了荣誉。他所学的形意拳也是被李广亨、宋世荣、车毅斋等师傅指导过的。这时山西太谷、榆次的一些大学、高中、初中、小学也陆续开设了国术课，一些学校聘请了形意拳拳师来教授课程。这些拳师共同编著了一些形意拳的教材，为形意拳的进一步推广和普及提供了条件。

1936 年，全国各地陆续开设了一些国术馆，李飞羽在山西传授形意拳，促进了形意拳的普及和发展。1937 年，日本军队入侵我中华国土，一些爱国的形意拳拳师奋起抗日，誓死捍卫中华民族的尊严，山西的胡殿基、史克让、陈晓峰等为抗日战争献出了生命，同时上了年纪的老拳师也在积极培养形意拳的后备人才。

1938 年，南京举行了两次国考打擂，山西派出的 16 人代表队中有 15 人是形意拳名手，比如李培昌、张万荣、李连成、张安泰、韩荣华、郭凤山、王鸿等。

20 世纪 50 年代之后，形意拳逐渐得到了发展。一些形意拳的研究人员，通过查阅大量的历史资料，同时走访调查一些老拳师，实事求是地挖掘、整理形意拳的起源、发展过程，解释形意拳拳法的一些疑难问题，简明扼要地阐述形意拳拳理等。

1981年，经山西省体委、山西省体育总会同意，山西省民政局批准，注册成立了山西省形意拳协会。该协会的成立带动了广大群众进行武术锻炼和全民健身，以及大型武术运动会的举办。

2004年，山西省的太谷县成立了国际形意拳道联盟发展中心，杨凡生作为教练开始正式开馆授徒。这也是形意拳的第一个国际性组织，为形意拳的传播与发展提供了一个很好的平台。这时形意拳在北京、辽宁、河南、黑龙江、山西、河北等地得到了很好的传播，山西省太谷县大约就有2万人每天练习形意拳，同时形意拳习练在新加坡、俄罗斯等地也开展得很好。

2005年，国际宋氏形意拳总会在香港注册成功。2005年5月，山西省太谷县为宋氏形意拳宗师立了纪念碑。马来西亚、俄罗斯、日本、印度尼西亚、美国等地也相继成立了形意拳研究会、形意拳分会、宋氏形意拳协会等。

2006年，中国代表队到新加坡理工大学参加了第二届世界国术综合锦标赛。在这次锦标赛中，中国代表队获得了6金2银2铜，其中山西省平遥分会取得4金2银2铜的优异成绩。

2008年，形意拳被山西省太谷县教育局列入了当地中小学体育课程，山西省太谷县的明星小学和胡家庄学校被定为传授形意拳的试点单位，教授形意拳的教案由车氏形意拳的第三代传人杨凡生编写。

2009年，为了完成中国形意拳大型纪录片的创作，创作人员多次来山西的榆次、平遥、太谷、祁县等地，对当地的形意拳老拳师、专家、学者进行面对面的采访。2010年底这部大型纪录片顺利完成。

2010年，山西省太谷县举办了“中远威杯”国际形意拳交流大会，参加的代表队有45支，参赛人员400余名。这些团队主要来自新加坡狮城内家拳法培训院、上海市桂亭内家拳学会、国际宋氏形意拳总会白俄罗斯分会、徐州市武术辅导站和美国国际形意拳道联盟等，参赛的项目主要有器械类、拳类、对练等。

2011年，通过挖掘、整理、申报，形意拳成为第三批国家级非物质文化遗产。山西农业大学的一些专业也相应地开设了这门课程，形意拳成了一些学校大学生的必修或选修课程。

2012年，第三届“中远威杯”国际形意拳交流大会在山西省的太谷县举办，这次参加的代表队有53支，参赛人员400余人，主要来自中国、俄罗斯、尼日利亚、美国等。

2014年，山西省晋城市成立形意拳协会，主要是为了交流、学习、观摩、培训以及组织各种国内外竞赛等。

2015年，河北省深州市成功举办了第四届中国深州形意拳交流研讨高峰论坛，对民间形意拳拳师按照评定的等级颁发马形、鹿形、虎形、龙形等证章标识，并对其实行动态管理，2~3年进行一次检查，并每5年再进行一次评定。

2019年，旅游和文化办公厅对国家级非物质文化遗产代表性项目名录进行检查和调整，最终确定形意拳的保护单位是深州形意拳协会。

二、形意拳的社会影响与拳法内容

形意拳在河北、河南、山西等地得到传播和发展。形意拳在产生和发展改革的过程中受到了山西晋商文化的影响，山西的平遥、太谷、祁县、榆次等地作为晋商文化的发源地，在形意拳的不断发展和不断完善的过程中作出了一定的贡献。形意拳最初的功能是为富绅护院，然后是镖局运镖，到后来国家受到帝国主义的侵略，日本军队入侵我中华国土，一些爱国的形意拳拳师奋起抗日，誓死捍卫中华民族的尊严，形意拳的功能是抗战杀敌。在民国时期，一些地区陆续开设国术馆进行形意拳教学，后来一些军队也开始学习形意拳，主要是为了提高战士的素质和战斗力。1949年之后，形意拳得到了极大的发展。改革开放以后，形意拳经过整理、挖掘、创新、创编等一系列改革，开始走进一些学校。形意拳是前辈们通过不断的努力留给我们的宝贵资源，长期练习它可以提高人的身体素质。通过整理、挖掘和申报，形意拳进入国家级非物质文化遗产名录。

形意拳的基本内容以五行拳、三体式、十二形拳为主。形意拳的单练套路主要有八式拳、五行相生、五行连环、杂式捶、出入洞、四把拳、八字功、十二洪捶、龙虎斗等。形意拳的对练套路主要有安身炮、三手炮、五行相克、九套环、五花炮。形意拳的器械练习主要有六合枪、三才刀、行步六剑、连环刀、凤翅镗、六合枪、三合刀、三才剑、连环棍、连环剑、连环枪等。

形意拳基本拳法中的五行拳主要是指横拳、崩拳、劈拳、炮拳、钻拳。五行拳是根据五行相生相克的原理（金生水、金克木、水生木、木克土、木生火、土克水、火生土、水克火、土生金、火克金）创编出来的。五行对应人体的内脏主要是肾属水、肝属木、脾属土、肺属金、心属火。五行对应人体的五官主要是舌通心、目通肝、鼻通肺、人中通脾、耳通肾。五行对应拳法主要是横拳属土、崩拳属木、劈拳属金、炮拳属火、钻拳属水。根据相生相克之理，形意拳拳师认为横拳能衍生成劈拳、横拳能克钻拳，崩拳能衍生成炮拳、崩拳能克横拳，劈拳能衍生成钻拳、劈拳能克崩拳，炮拳能衍生成横拳、炮拳能克劈拳，钻拳能衍生成崩拳、钻拳能克炮拳。所以形意拳既能强身健体，又能在对抗中技击应用。

五行拳的预备式要做到束身下气、吸气开胸、意勿外驰、诚心守中。五行拳中的横拳在五行中属土，应用得比较多。横拳是五行拳之母，能化十二形拳，也能化炮拳、钻拳、劈拳、崩拳等。横拳的拳法是左手右手轮换起横，落顺要有顺劲，两拳要一出一入以横破直。横拳出手时要有横劲和拧裹劲，并且要求两臂同时打出、同时发力，两臂发力时，口要吐气纳声。在练习横拳时，左拳向前打出的同时，左拳拳心要向上向外翻转，这时我们的右臂要向里，同时向下向后扣劲，两臂同时一拳打出，一拳收回，好像我们拧绳子一样。横拳的步法为垫前步攻后步，要求步步紧逼而出，出步的时候要灵活，不可僵硬，做到落地生根。练习时要做到小腹下垂、胸膛开展、縠道上提、臀弗欠起。

五行拳中的崩拳在五行中属木。郭云深数十年如一日地练习崩拳，后来他练习的半步崩拳打遍天下，可见崩拳的厉害之处。崩拳出拳比较快，犹如拉弓射箭一样。崩拳的拳击有力，主要有快步崩拳、顺步崩拳、跨步崩拳、拗步崩拳、半步崩拳等几种不同的形式，快步、顺步、跨步、拗步等不同形式的崩拳都源于半步崩拳。半步崩拳是崩拳中最基本的锻炼形式。崩拳在技击的过程中对人体的上部可接连击打头部和喉咙，对人体的中部可以击打胸部和腹部。在技击的过程中做到就低打低、随高打高、拳去不空回、空回总不奇。崩拳的步法主要有攻法不上大步、右步催左步后跟步、左垫步后并步、寸步紧逼、没有空当，做到落地生根。在练习崩拳时要做到意贯周身、分手似箭向前攻、运动在步、两手往来、势如连珠、崩拳起落如波生、狸猫上树倒翻身、退敌全凭后足力等。

五行拳中的劈拳在五行中属金。劈拳这个动作看起来有劈木之势，拳法为左右掌抱拳循环交换。劈拳的技击性很强，分为单手劈拳、双手劈拳。劈拳有向前、向下、向后的劈劲，一般有横劈拳、竖劈拳、里劈拳、截劈拳、外劈拳等。

在练习和技击中我们要随机应变，先打明劲，然后打暗劲，最后出其不意地打化劲。除了要打出以上的明劲、暗劲和化劲，还要打出撞、捕、劈、按、拍等不同变化的五种劲来，劲力走向都是直下或斜落。劈拳的手法有起手、领手、出手和截手之分。劈拳在脚法上要求两脚始终在一条线上，做到前脚行进后脚蹬。练习劈拳时要坚持做到头若顶天、项须直竖、闭口藏舌、津液还丹，不要左斜右斜，不要前俯后仰。

五行拳中的炮拳在五行中属火。相比五行拳中的其他拳，炮拳是最凶猛的拳法。炮拳，顾名思义，就是如炮弹出膛一样猛烈。炮拳的拳法要求两拳由腰间同时抬起，一拳直接打出当胸，另一拳起翻拧架于眉边，一拳架一拳顶轮番出击顾打并举。炮拳在出拳的瞬间有超前打出的力量和斜向上方的力量，体现出快和猛。也就是要做到手向前伸和脚向前直进同时完成，脚在落地的瞬间两拳也要同时回收。拳在上起的同时身体也要转动，上起的拳要顺着胸部钻过鼻前，然后向上翻转，绝不可横着直接向上架，架起的后拳不要过高。炮拳的步法有斜上前开八字步、两足互换、前步垫、步步束架钻打、后步跟并等。在练习炮拳时要做到两肩在腰、气聚中脘、机关在腰、取其虚中等。

五行拳中的钻拳在五行中属水。钻拳犹如闪电一样快，在练习钻拳时要做到沉肩坠肘，肩部和胯部要和手的动作协调一致。要注意的是，前手不要超越前脚的脚尖，做到力不出尖。钻拳和劈拳、崩拳、炮拳相比，更注重的是巧劲。在钻拳出拳的瞬间，要做到快速旋转拳头，身体的腹部也要配合做旋转，由内力催动外形，在这瞬间要做到吐气，同时丹田也要发力，配合发出鼻音哼声。打出的钻拳犹如拳头打在了石板上，要把石板打穿，要求爆发力特别强。在打出钻拳时，要求两臂似直非直、似曲非曲，要有一个拧劲，这样打出的钻拳才能技击性好，命中率高，让对方不容易躲闪，容易把对手击倒。钻拳的步法是垫前步上后步，灵活应用有勾钻、左钻、高钻、右钻、横钻、低钻、竖钻、冲钻等。在练习钻拳时要做到手不离心、肘不离肋、钻翻进步、总要齐全等。

形意拳的三体式是形意拳的根，三体指将人体划分为头、手、足三体。练习形意拳必须练习好三体式。三体式在体内要讲究意与气合、心与意合、气与力合，在外形上要讲究肩与胯合、手与足合、肘与膝合。要领会和练习好三体式的各个动作，头顶要正直，鼻尖、前手以及前足一定要三尖相对。练习形意拳的三体式时要注意以下几点。

（1）含胸拔背。胸部要略向内缩，不要紧张用力，也不要过分内缩，腹部要做到沉气。

(2)收胯扣膝。胯部放松的同时微微向后缩，两膝部要向里扣，前膝不要太弓，身体的重心在后腿上，前腿所受的重力是脚趾扣地之重。

(3)虚灵顶劲。头部要向上顶，头部的方向要正，同时面部要自然，口要闭合，舌头要抵上颚，目光要注视前手。

(4)沉肩垂肘。两肩要微微向内缩，同时要向下松垂，前手食指要有意识地向上挑劲，这时拇指要向外撑开，手心向里扣，后臂一定要靠在脐侧，同时要有意识地往前顶。

(5)正脊塌腰。这里的塌腰就是松腰的意思，在塌腰的时候，脊椎骨要竖起。

(6)提肛敛臀。在塌腰的时候，要注意把臀部收紧，不要前后左右扭动。

形意拳的三体式主要包括预备势(无极)、太极式、两仪式、四象式。

形意拳的十二形拳是传统的套路。十二形拳是根据龙、蛇、虎、马、燕、鸡等十二种动物的动作特点编排出来的，和五行拳相比，十二形拳传统的套路增加了很多的身法、步法、手法和腿法，提高了形意拳的技击性，长期练习可以提高身体素质，改变精神面貌，提高在技击中的攻防实战能力。

形意拳的动作是完整和严格的，长期坚持练习可以使骨骼、全身肌肉、筋膜、韧带、关节得到充分的锻炼，同时使我们的自主神经和运动中枢有很高的契合度，能够很好地改善人体的协调性。

三、形意拳的特点与濒危状态

形意拳整体比较朴实，动作的特点是一屈一伸和直来直往，整体节奏比较明了，动作衔接紧密，手法、步法、身法结合得非常紧密。在练习的过程中要做到落手如钩竿、出手如钢锉、两手不离心、两肘不离肋、落脚如生根、迈步如行犁，全身像一根拧紧的绳子。

形意拳讲究三节和八要。三节是指梢节起、中节随、根节催。从全身来讲，头部与上肢部分定为梢节，躯干部分定为中节，下肢部分定为根节。上肢以手为梢节，肘为中节，肩为根节；下肢则分为胯、膝、足三节。做到三节的要求，就能保证周身完整一体、内外合一。八要是指曲、顶、敏、扣、抱、圆、垂、挺。曲指的是腕要曲、腿要曲、臂要曲；顶是指掌要前顶、头要上顶；敏指的是手要敏、腿要敏、心要敏；扣指的是牙齿要扣，手背、足背要扣，肩要扣；抱指的是两肋抱、心意抱、丹田抱；圆指的是虎口要圆、背要圆、胸要圆；垂指的是气下垂、肘下垂、肩下垂；挺指的是膝要挺、脊要挺。

形意拳的战术特点主要是动作快而猛，出其不意而击之，乘其不备而攻之，让对手措手难防。在攻防技术上，提倡占有利位置，采用近打快攻的战略。在技击的过程中，形意拳主张我们的脚部、肩部、头部、胯部、肘部、膝部、手部可以同时并用，距离近了可以用膝部，距离远了可以用脚踢。形意拳在技击的过程中要遵循以下几点：顺，即在技击的过程中要自然；真，即在技击的过程中要使敌难于逃脱；工，即在技击的过程中要巧妙；疾，即在技击的过程中要突然和快速；狠，即在技击的过程中要不容情；勇，即在技击的过程中要果断。

形意拳濒临失传，亟须我们进行抢救。形意拳濒临失传的主要原因一是形意拳的老拳师们近年来接连离世，传授形意拳的教学场所逐渐减少，随着社会环境的改变，年轻一代学习形意拳的人越来越少；二是形意拳的一些旧资料没有很好地保存下来，已经损坏或散失；三是形意拳较少在学校传授。

第十二节

拔花花

拔花花在山西省太原市尖草坪区和史称“三晋首邑”的阳曲县这两个地区比较流行，是我国一项传统的民族民间体育项目。拔花花一般在一年中比较大的节日中才举办，如每年的春节和正月十五。拔花花作为我国民族民间体育项目，具有游牧民族的豪爽和勇敢特点，又结合了我国农耕文化的一些特点，通过人们的不断整理和申报，拔花花于2009年成功成为山西省非物质文化遗产项目。

一、拔花花的起源与传承发展

拔花花起源于明清时代，是一项民间体育项目。山西省在中国的北部正中，在历史的长河中，契丹族、满族、匈奴族、蒙古族、鲜卑族等一些少数民族曾经生活在这片肥沃的土地上，因而这里的体育项目具有当地的地方特色和民族风俗。拔花花一般在一年中的一些重大节日举办，不受场地、人数、组织形式的限制。拔花花形式多种多样，内容比较丰富，是当地人们为了庆祝上一年的丰收成果所创造的一项与生活劳动相关的体育项目。拔花花比赛主要比参赛队员的臂力、技巧等，在20世纪50年代到60年代比较盛行。随着社会的不断发展，生活水平的不断提高，人们的生活方式变得多种多样，娱乐活动的种类也不断增多，现在参加拔花花这项活动的人数在逐渐减少，主要原因是拔花花对人们的身体素质有一定的要求，同时这项体育项目也有一定的危险性。在一些重要的节日里，村庄一般同时搭建几个架子供人们拔花花，但由于一些老艺人相继离世，年轻一代可接触到的娱乐项目多，因此举办者和参与者都很少。杨平生是拔花花的代表性传承人，他年轻时是拔花花的高手。2009年，拔花花进入了山西省第二批非物质文化遗产名录。虽然拔花花已成为山西省非物质文化遗产，山西省委及各级领导也非常重视，但是由于后继乏人以及一些现实问题，拔花花的保护与传承面临较大的困境。

二、拔花花的社会影响与项目内容

拔花花适合绝大多数人参与，在比赛的过程中，参与者要完成翻大梁和爬绳子的动作，这就要求参与者有良好的身体素质，整个过程对参与者的翻腾能力、攀爬能力、体能、心理承受能力、技术和技巧等都有一定的锻炼作用。

拔花花这个项目趣味无穷，可以调节人们紧张的情绪，调节忙碌的生活节奏，使人们从日常烦琐的生活、工作中解脱出来，对减轻人们的心理压力有一定的作用。在参与拔花花的整个过程中，人们会使用滑稽的动作和幽默的语言，还有的参与者爬上横梁用嘴叼花，送给自己喜欢的女孩，博得人们的掌声和喝彩声，这个过程不管是对参与者还是现场的观众来说，都能够愉悦身心，加强交流，拉近人与人之间的距离。

拔花花使用的器材主要有绢花、木架、绳索、滑轮等。首先要搭建一个木架，木架一般由 10 根木头组成，两根 7~8 米长的木椽固定在两侧，并且两根木椽的距离是 3~4 米，在两根木椽中间的位置搭建一根直径约为 30 厘米的大梁，大梁离地面的高度是 5 米，距其上 1.5~1.8 米再固定一根木椽，这根木椽上面插上各种各样颜色鲜艳的绢花。为了安全和牢固，在两根 7~8 米长的木椽两侧或者底部再固定 3 根细的木椽，然后在第一根横梁的中间安装一个滑轮，在滑轮下挂一条绳子，绳子是可以活动的。有的地方把花架弄成两层，也就是在第三个横梁上再横一根梁，这样做的目的是增加比赛的难度。出于安全考虑，在绳子的下方常堆放一些细沙用于缓冲。游戏开始时，参赛者要快速地抓住滑轮下吊着的活动绳子，通过臂力和腿部的力量快速爬到第一根横梁上，抓住滑轮，通过良好的身体素质翻到大梁上，以良好的心理素质勇敢地站起来，利索地抓住第二根横梁，这时候选一朵喜欢的绢花拔出来，这样就成功了一半。然后参赛者稳稳地坐下来，快速地翻下横梁，回到地面，这就完成了比赛的所有动作。刚才所拔取的绢花是对参赛者的奖励。整个游戏比赛的过程中，参赛者的动作敏捷，姿态优美。拔花花是一个集趣味性、娱乐性和竞技性于一体的民族传统体育项目，能够很好地陶冶人们的情操，丰富人们的文化生活。

三、拔花花的特点与濒危状态

拔花花作为我国的一个民间体育项目，对发展和继承民族传统体育文化，促进社会主义精神文明建设和增强国民的身体素质有很好的促进作用，但是，随着我国经济的快速发展和人们生活水平的不断提高，人们的生活方式发生了巨大的改变，一些古老的民间传统体育项目逐渐消失在大众的视野中。由于一些老艺人的相继离世，曾经兴盛的拔花花处于濒临失传的境地，主要体现在传承方式比较陈旧，一般是沿用以前古老的方法，比如手抄资料和口传心授，这样的传承方法不利于知识传授的完整性，缺乏专业性。

第七章

山西民族传统体育面临的挑战与机遇

第一节

新发展阶段山西民族传统体育发展的现实挑战

当今世界正经历百年未有之大变局，我国在新发展阶段面临着前所未有的机遇和挑战。习近平总书记在党的二十大报告中指出：“我们必须增强忧患意识，坚持底线思维，做到居安思危、未雨绸缪，准备经受风高浪急甚至惊涛骇浪的重大考验。”目前，山西民族传统体育受现代化、全球化、城镇化等潮流的不断冲击，文化认同危机、城乡发展不平衡、内生动力不足等带来的挑战是其传承与发展无法绕开的问题。

一、现代化进程中的文化认同的挑战

文化认同是影响民族传统体育生存发展的主要因素，其凝聚了各民族的思维方式、价值观念和行为习惯等，不仅超越了各民族的血缘、地域差异和观念的局限，更能铸牢中华民族共同体意识。而近代以来中国社会的复杂变革使传统文化在现代化的进程中遭受了前所未有的冲击，在这诸多问题中，民族传统体育所遭受的冲击是极为严重的。特别是在新发展阶段，文化在现代化的过程中不断向多元化、全球化、信息化转型与变迁，这使得人们对传统体育的参与感、体验感以及习俗、制度、精神逐渐产生认同焦虑。其中现代化是造成文化认同危机的重要原因，全球化就是现代化在全球范围内的扩张。随着全球化趋势的加快，文化融合加快，增加了文化认同的多样性，也使传统体育文化与现代竞技体育文化产生了碰撞和冲突。同时，全球化带来的科技进步和互联网普及改变了信息传播的方式和渠道。随着社交媒体和短视频平台的兴起，不同文化之间的碰撞和交流更加频繁和广泛，文化的边界也变得越来越模糊。全球化带来的现代化进程改变了人们的生活方式和价值观念，这也使得民族传统体育

文化的认同面临严峻的挑战。例如，参照 NBA、CBA 命名的“村 BA”是国内草根篮球赛事。该赛事异常火爆，球员热情高涨，球迷围得水泄不通，加之新媒体的快速渲染与传播，迅速在全国范围内掀起了热潮，现预举办全国性赛事。反观本应生存于民间土壤的民族传统体育，却被外来文化挤占，鲜有民族优秀传统体育被广泛报道、宣传和关注。如山西竞技型传统体育项目鼓车道、跑马排、背冰亮膘等在山西民众中的熟知度并不高。这些问题都说明在社会技术、制度以及观念的变革下，在现代化过程中，传统文化与西方文化的冲突与融合导致了文化模式趋同化，进而造成了民众对民俗类、传统类文化项目的认同感缺失。久而久之，民族传统体育文化的传承与发展就会出现日渐式微的现象和认同焦虑的问题。特别是在新发展阶段，党的中心任务就是团结带领全国各族人民全面建成社会主义现代化强国。要建立一个强大的现代化国家就需要全面现代化，但若是由此而放弃了本土的文化理念、思维方式、价值观念等，就成为没有“尊严”的“虚幻”的独立，就不能体现中国式现代化的内涵意蕴和本质要求。因此，在新发展阶段要解决民族传统体育文化认同危机的核心问题，就要考虑如何解决以“西方体育”为模板的体制机制、价值观念与民族传统体育文化之间的冲突问题，找到两者同构互嵌的平衡与张力。只有这样，民族传统体育文化才能在中国式现代化发展进程中不断调适与现代化的矛盾与冲突，开启中国式的转型之路。

二、新型城镇化的进程造成城乡发展不平衡的挑战

新型城镇化主要是以可持续发展、民生和质量为基本内涵，以追求幸福、平等、绿色、集约、健康和转型为核心目标，以实现生态文明和集约高效、制度改革和体制创新、区域统筹与协调一体、产业升级与低碳转型等为重点内容的崭新的城镇化过程。改革开放以来，随着经济的高速增长，中国城镇化的发展呈现快速上升的趋势，目前城镇化已经成为经济发展的重要引擎，是中国式现代化进程中不可阻挡的潮流。根据《山西省 2022 年国民经济和社会发展统计公报》的统计，山西城乡发展持续优化，新型城镇化建设扎实推进，年末全省常住人城镇化率为 63. 96%，比上年末提高 0. 54 个百分点。乡村振兴战略深入实施，城乡居民收入差距继续缩小，全省城乡居民人均可支配收入比为 2. 42，比上年缩小 0. 02。山西倾力改善民生，人民生活呈现新气象，但与此同时，新型

城镇化浪潮也加快了对山西城乡新的环境、秩序、社会、文化及生活方式等样态的形塑步伐，同时也形塑着包括山西民族传统体育文化在内的契合城镇化更新的发展新样态。在社会的急速变革下，民族传统体育的技术特征、文化内涵、传承模式等并没有在城镇两极分化、内卷化、人才迁移等困境的强势冲击下实现调适和转型，反而暴露了其在城镇化进程中的不协调、不平衡以及内在压力与外在挑战的多重问题。特别是在新型城镇化的持续发展下，民族传统体育的生存空间、人才流失、文化冲击等问题制约着“体育山西”“健康山西”战略的推进。

首先，生存文化空间遭到破坏。文化空间是民族传统体育文化再生产的重要场域，也是大众传承惯习的重要依托。城镇化在扩张的过程中可能存在着能源高消耗、资源环境被侵占现象，导致传统文化场所逐渐被商业开发或拆除改造，如庙宇、老式建筑、传统巷弄等，这些区域都是传统体育生存的文化空间。再就是随着旅游开发的介入，原本民俗节庆体育活动的文化记忆成为舞台表演和产业化开发的工具，侵蚀了民族传统体育文化赖以生存的文化土壤，致使众多民族传统体育项目的发展日渐式微，甚至逐渐消失于日常生活的视野中，也不可能完整地再现“原生态”的文化空间，传统文化记忆的物质载体被扼杀在城镇化的进程中。面对这种情况，民族传统体育文化传承究竟应如何进行？如何再造其生存的文化空间继而进行整体性保护？如何唤醒乡村民众的乡愁记忆和文化认同？这都是新发展阶段民族传统体育发展面临的严峻挑战及要解决的关键问题。

其次，民族传统体育传承人才流失严重。传承人被公认为非物质文化遗产（简称非遗）传承“活态化”的重要载体。他们直接参与民族传统体育非遗传承与发展，承担着非遗发展的首要任务，是行走的“非遗”。自加入《保护非物质文化遗产公约》以来，我国非遗保护经历了最初的起步阶段、中间的“申遗热”阶段、规范化保护阶段以及新时代的高质量发展阶段。国家层面就非遗保护已出台《中华人民共和国非物质文化遗产法》《国家级非物质文化遗产代表性传承人认定与管理办法》等政策法规文件，指出加强传承人的认定与管理，加强青年传承人的培养，以保证非遗后继有人。2022 年 6 月 15 日山西省文化和旅游厅印发了《省级非物质文化遗产代表性传承人认定与管理办法》，虽然政策存在时间上的滞后性，但为健全山西省非物质文化遗产保护传承体系、增强文化遗产的存续活力和实践能力，提供了传承人才认定、管理、培养和保护的政策支持，是促进传承人后备力量的建设和发展的指导性纲领。但在新型城镇化的进程中，劳动力向城市迁移，使得农村出现"空心化"的现象。山西省民族传统体育项目传承人断层、老龄化、人才供需矛盾冲突等问题依然层出不穷。在对山西省非物质文化遗产项目——文水长拳、洪洞通背缠拳、形意拳等调研时发现，很多传统武术传承人有传承能力和传承意愿，但由于经济因素以及升学就业的压力等生计问题的制约，优秀人才不得不向城市迁徙，这也导致了不少民族传统体育非遗项目因为传承人断层而面临后继无人的尴尬困境。可见，城镇化进程造成的人才两极化的倾向严重，对以"人"为核心的民族传统体育项目的可持续发展带来了巨大的冲击力。然而，新发展阶段的城镇化的进程是势不可挡的，中国的城镇化将进入一个重要的战略转型期。我们必须立足实际，适应新形势，不断优化省内民族传统体育在新型城镇化进程中的发展格局，促进省内民族传统体育发展与建设体育强省、健康强省以及社会经济发展相协调、相适应，这也将是新发展阶段山西民族传统体育发展面临的严峻挑战。

三、文化多元价值的角逐下内生动力不足的挑战

汤一介先生认为，一种有生命力的文化在受到外来文化的挑战时，不仅不会拒绝外来文化，还会欢迎它，以便使自身文化更快更健康地发展。民族传统体育是优秀传统文化赓续不可或缺的载体，是促进不同民族之间文化交往交流交融，保持凝聚力、归属感，实现文化代际传承，形成有民族特色、有风格和气派的文化的重要载体。新发展阶段文化交流互鉴成为越来越多国家的共识，随着不同民族之间的交融和文化传承以及现代体育的发展，原有的价值体系受到现代化多元价值观的冲击，致使民族传统体育文化价值逐渐式微，群众很难感受到它独有的价值元素，这给民族传统体育的发展带来了新的变化和挑战。

传统的乡土社会是民族传统体育赖以生存的文化土壤，具有鲜明的地方性特色，形成了一个以"血缘、地缘、业缘、趣缘"为基础的传承共同体。正如费孝通先生提出的，乡土社会是以熟人社会为基础的"差序格局"，在这里民众群体聚村而居，遵循着相似的文化价值观念、思维方式和生活习惯，并成为维持乡村社会稳定发展的重要力量。然而进入新时代，乡村民众的经济收入大幅度提升，人们对美好生活的追求也在不断地增长，乡土的文化已经不能满足民众日趋多元化的需求。特别是工业化的发展导致传统的文化空间被占用，越来越

多元的文化价值的角逐消解了民族传统体育文化的凝聚力，使本就脆弱的民族传统体育文化遭受了文化自信的冲击。

另外，在文化多元价值的冲击下，我们也应看到省内民族传统体育自身内生动力不足的困境。新发展阶段体育教育缺少有文化情怀的教育元素，未能将中华优秀传统体育文化与现代化教育体系相结合，体育被“边缘化”的问题普遍存在。另外，体育政策宣传解读不到位，民众对健身意识、体育的价值认识仍然很单薄，更难对省内民族传统体育进行传承与创新。省内很多民族传统体育项目由于历史和文化因素并没有得到足够的资金支持，很多传承人和从业者因经济情况被迫转型而放弃传承。在社会层面上，很多人对本地体育非遗项目认知度较低，一些项目由于历史和地域限制等，没有得到足够的宣传和推广，很多人对其知之甚少，在接受程度上存在差异。同时，其现有的竞赛制度、教育制度、竞技人才培养制度都存在重视不足的现象。这也导致部分媒体和大众对民族传统体育存在误解和偏见，使得其在体育发展中的地位较低。

综上可知，山西省民族传统体育文化自信的重构不是一蹴而就的，而是一项需长期坚持的系统工程。在新发展阶段山西民族传统体育面临着种种挑战，要实现健康有序的发展，需要全省共同努力，省政府应加大对民族传统体育项目的资金投入和政策支持力度，促进其产业化和商业化发展；媒体和社会机构应加强对民族传统体育的推广和宣传，提高社会认知度和接受程度。同时，要重构传统体育文化价值观，将山西优秀传统体育文化与学校教育、社会发展、文化建设等相结合。努力建构传统体育与现代体育有序衔接，具有创新驱动、开放合作、协调发展、共享融合的新型民族传统体育文化，为新发展阶段山西民族传统体育的有序发展增添内生动力。

第二节

新发展阶段山西民族传统体育的时代发展机遇

新发展阶段是孕育民族传统体育新生命的重要阶段，此阶段不仅充斥着新挑战，更蕴含着新机遇。在全面建成社会主义现代化强国，以中国式现代化全面推进中华民族伟大复兴的新征程、新使命背景下，为适应和实现中国特色社会主义高质量发展，山西省积极贯彻国家政策，提出“体育山西、健康山西、幸福山西”建设战略部署，并颁布了文化强省、体育强省、教育强省、健康山西等一系列的强国战略，如《山西省“十四五”体育发展规划》《山西省全民健身实施计划(2021—2025年)》《山西省国民经济和社会发展第十四个五年规划和2035年远景目标纲要》《山西省“十四五”教育事业发展规划》《山西省“十四五”文化和旅游发展规划》等。这为推进文化自信自强，铸就社会主义文化新辉煌，推动山西民族传统体育高质量发展，促进山西省向体育强省迈进提供了发展机遇。

一、文化强国：助推山西民族传统体育文化发展的精神力量

文化是一个国家和民族的灵魂，也是中华民族伟大复兴的重要支撑。新发展阶段山西民族传统体育文化被赋予新的历史坐标，被纳入文化强省的宏观战略目标、社会发展的规律、人民生活的需求等多向度考察，这为山西民族传统体育的保护和发展提供了时代机遇。山西拥有历史悠久和独特的尧舜德孝、关公忠义、能吏廉政、晋商诚信、太行精神等传统文化遗产，具有独特的价值和发展潜力。《山西省国民经济和社会发展第十四个五年规划和2035年远景目标纲要》指出，实施文化强省战略，熔铸发展软实力。坚定文化自信，加强文化化人，繁荣文化事业，壮大文化产业，改革文化体制，用好壮美自然风光、不朽文

化遗产、宝贵红色基因，充分挖掘取之不尽、用之不竭的文化“富矿”，建设国际知名文化旅游目的地，打造中国文化传承弘扬展示示范区，用璀璨文化之光照亮转型发展之路。山西民族传统体育作为实施文化强省战略的重要内容，挖掘和发扬民族传统体育的文化精髓将助力于实现文化强省的战略目标。同时，文化强省的战略目标也为民族传统体育文化发展注入了精神力量、拓展了时代价值、指明了目标方向、部署了全新战略。因此，在新发展阶段文化强省战略背景下我们需要从文化视角来阐述山西民族传统体育文化价值的新内涵和思考时代新机遇。

文化强国对山西民族传统体育文化发展提出了新目标。在推进文化自信自强、铸就社会主义文化新辉煌的新时代，我们正在向第二个百年奋斗目标奋进，党中央审时度势把握新发展阶段局势之变，把实现全体人民共同富裕摆在更加重要的位置上。关于共同富裕，我们追求的是精神生活和物质生活的同时富裕，并不是片面的物质生活富裕。“十三五”期间，山西立足厚重的历史文化资源与文旅融合共生的优势，全省积极贯彻党中央关于文化强国建设的精神要求，补短板、发优长，提质增效，积极推进全省民族传统体育文化体制机制改革，在加强体育文化设施建设、体育文化遗产成果保护、传统体育文化产业发展上取得了显著的成效。“非遗+ 旅游”“非遗+科技”“非遗+创意”等为民族传统体育的活态化传承与发展增值赋能，文化强省的行业标杆逐步兴起。面向“十四五”时期，山西省应立足文化新发展阶段，要有新发展的格局和新发展的理念，以不断推动山西民族传统体育文化高质量发展为主题，以推动山西民族传统体育文化融合创新为主线，健全山西公共文化服务等体系，从实际切实保障人民群众的基本文化权益，不断提升山西民族传统体育文化软实力和影响力，扎实推进山西人民精神生活共同富裕。

文化强国战略为山西民族传统体育文化注入新动力，指明了新方向。党的二十大报告指出，繁荣发展文化事业和文化产业……坚持以文塑旅、以旅彰文，推进文化和旅游深度融合发展。这为新发展阶段山西民族传统体育文化的融合创新注入了新动力。2021 年 12 月 24 日山西印发的《山西省“十四五”文化和旅游产业融合发展规划》指出，文化和旅游产业作为山西省战略性支柱产业，正在成为转型发展的新引擎、经济增长的新动力。“十三五”期间，山西大力推动民族传统体育文化旅游示范基地、集聚区等文旅体综合体建设，打造了一批具有地域特色的传统体育品牌，如山西国际风筝节、晋中国际柔力球大赛、汾河龙城赛龙舟公开赛、忻州市挠羊赛等群众性赛事；另外，山西省政府积极推动传统体育融入区域重大发展战略，将“长城”“黄河”“太行”要素进行融合，并构建起“游山西·读历史·强体魄”三大板块的集旅游、消费、康养等于一体的全民健身赛事体系。“十四五”时期山西民族传统体育文化发展处于重要的战略期，山西文旅产业实力进一步增强，产业结构布局更加合理，山西公共文化服务水平持续提升。立足新发展阶段、贯彻新发展理念、构建新发展格局，以文化强国战略助推山西实现文旅兴省，以文旅活力激活高质量转型新动能，为山西民族传统体育文化与旅游融合注入新动力。

文化强国为山西民族传统体育文化发展赋予了新使命。一是在新城镇化进程中全省推动文旅产业融入现代化城市建设，要求挖掘山西体育文化遗产的文脉，打造具有地域特色的集休闲娱乐、健康养生、文化旅游等文体旅于一体的公共文化空间和街区，推动山西城乡公共文化服务体系一体建设；二是以文化繁荣助力乡村振兴，要求融合创新山西民族传统体育文化与旅游发展机制，创新文旅产业融合新业态，建设并实施乡村体育旅游精品工程，挖掘乡村体育非遗文化资源特色，以助力乡村体育文化振兴；三是文化强国建设将以更加开放、融合发展的理念推动山西民族传统体育文化“走出去”，推动其区域间的融合发展，促进民族文化的交往交流交融，山西民族传统体育可积极融入“一带一路”国际合作，借助大同、忻州、晋中市依托“三大世界文化遗产”推动山西传统体育文化遗产“走出去”的行动战略，充分发挥山西传统武术非遗优势，打造具有中国水准、山西特色的展演、旅游、品牌项目，大力推动山西民族传统体育集群走向世界，展现可信、可爱、可敬的中国形象和山西印象，深化文明交流互鉴，推动中华文化更好走向世界。

二、体育强国：山西民族传统体育文化发展的有力支撑

党的十八大以来，习近平总书记高度重视和关注体育事业发展，并深刻阐释了体育对人类社会发展的重要作用。他指出：“体育是社会发展和人类进步的重要标志，是综合国力和社会文明程度的重要体现。”体育强则中国强，国运兴则体育兴。随着中国式现代化新道路下“体育强国”战略的提出，我国正从“体育大国”向“体育强国”迈进，体育已经成为中华民族伟大复兴的标志性事业。

山西省人民政府把“体育山西”建设放在山西经济社会发展大局中谋划推

动。坚持以人民为中心的发展理念，坚持稳中求进的工作总基调，实施“体育山西”建设系统工程，按照《体育强国建设纲要》的总要求，把“增进人民福祉，促进人的全面发展”作为体育文化事业发展的出发点和落脚点，并积极探索符合“山西模式”的体育文化发展机制，完善全省民族传统体育治理体系建设，提高治理能力的现代化水平，提高山西省体育文化发展的影响力和综合实力。山西民族传统体育作为体育强国建设中的重要力量，体育强国强省建设战略在主体、目标、道路上为山西民族传统体育文化发展提供了新的展示舞台和有力支撑。

首先，从主体维度上来看，坚持党的领导是民族传统体育发展的最本质的保障。中国共产党的领导是中国特色社会主义最本质的特征，在建设中国式体育强国方向指引下建设民族传统体育发展新道路必须始终坚持党的领导。党的十八大以来，党和国家就一直支持和重视民族传统体育的发展，对民族传统体育项目的支持力度逐渐加大。如2019年国务院办公厅公布的《体育强国建设纲要》提出，大力发展群众喜闻乐见的运动项目，扶持推广各类民族民间民俗传统运动项目。2021年山西省体育局印发的《山西省“十四五”体育发展规划》指出，加强优质体育产品的生产和供给，鼓励各类经营主体向社会提供多层次、多样化的体育产品。支持发展健身跑、健步走……射击、射箭、马术、航空、极限运动等群众喜闻乐见和有发展空间的项目，推广武术、摔跤、龙舟、毽球、柔力球等传统或地方特色项目。这些政策为山西民族传统体育事业的发展提供了有利环境。新发展阶段伴随着中国综合国力的不断提升，民族传统体育应在党的领导下加强体制机制改革，有效整合区域资源，充分激发传统体育文化的活力，努力解决民族传统体育发展的“卡脖子”问题，使民族传统体育得以在中国社会中蓬勃发展起来。

其次，从目标维度上来看，以人民为中心的体育观为民族传统体育的发展提供了核心保障。人民是历史的见证者、创造者，人民群众是推动社会发展与进步的主体力量。早在20世纪50年代，毛泽东就曾对体育工作提出了“发展体育运动，增强人民体质”的重要论述，突出强调了以人民为中心、以为人民服务为根本宗旨。以人民为中心是一个国家安身立命的根本。在中国式体育强国建设进程中，以人民为中心的体育观意味着将人民的利益和需求放在首位，以人民的需求为导向，制定相应的体育政策和规划，保障人民的体育权益，提高人民的体育素养，加强基层体育建设，让更多人参与体育活动。2021年7月

23日，山西省体育局印发的《山西省“十四五”体育发展规划》指出，把“体育山西”建设放在山西经济社会发展大局中谋划推动。坚持以人民为中心的发展理念，坚持稳中求进的工作总基调，实施“体育山西”建设系统工程，按照建设体育强国的总要求，把增进人民福祉、促进人的全面发展作为体育工作的出发点和落脚点。民族传统体育历史悠久，具有坚实的群众基础，是民众喜闻乐见的体育活动，更有利于满足人民群众，特别是基层群众对体育的需求。然而民族传统体育发展不平衡不充分的矛盾相比现代体育项目更加突出，存在文化认同、现代化激荡等危机，存在全民健身公共服务体系建设上供给不足，地域间、城乡间发展不平衡，体教融合需进一步深化等问题。新发展阶段民族传统体育的发展应更加坚定人民群众的主体地位，坚定中国式体育强国建设中人民至上的价值取向。

再次，从道路维度上来看，体育强国的战略目标为民族传统体育发展提供了实践保障。道路决定命运，任何国家的发展都应沿着适应自身的路子勇毅前行。实践证明，中华人民共和国成立以来，党和人民艰苦卓绝扎根中国大地，走出了一条具有中国特色社会主义道路，为实现中华民族伟大复兴奠定了坚实的基础。因此，中国特色社会主义道路为中国式体育强国发展道路的铺展奠定了坚实的基础，体育强国的宏伟战略为民族传统体育发展指明了前进的道路方向。党的十八大以来，坚持“弘扬、传承、扶持与开发并举”的发展思路，积极弘扬中华体育精神，挖掘传承民族传统体育项目，在乡村文化建设中积极扶持推广太极拳、传统武术、龙舟、健身气功等民族体育项目，并开展“一带一路”全民健身活动，推动中华优秀传统体育项目“走出去”。如2019年山西省开展全民健身活动，以“强健体魄·阳光生活·共享青运”为主题，组织全民健身活动、全国少数民族传统体育运动会等一系列活动，这为民族传统体育文化的发展提供了交流和展示的平台，提高了我国民族传统体育的竞技水平，形成了以“民族传统体育”为依托，促进地域、乡村传统体育文化发展的格局。

进入新发展阶段，山西省的民族传统体育在体育强省、全民健身战略中的地位越来越重要。体育强省战略为山西民族传统体育的发展既提供了强大的思想引领，又提出了科学的行动指南。在体育强省战略的指引下，要积极探索具有“山西模式”的民族传统体育发展道路，以助力体育强国建设。因此，根植于尧舜德孝、关公忠义、晋商诚信等晋文化的民族传统体育项目，不仅要在现代化的浪潮中适应竞技体育“更高、更快、更强”的发展要求，更要创造出具有文化感召力、凝聚力以及亲民、惠民、为民的“山西特色”的传统体育发展道路。

三、教育强国：山西民族传统体育文化传承与赓续的重要依托

教育是国家发展的“必争之地”，也是实现民族传统体育“活态传承”的关键环节。新发展阶段传统体育教育高质量发展，是学校体育教育助力我国向第二个百年奋斗目标全力进军的应势而动，是经济与教育全面推进高质量发展下，学校体育教育的应有之义。民族传统体育作为文化育人的重要载体，能促进基础教育高质量发展。通过将民族传统体育融入学校的课程、课余活动和校园文化建设，可以全面提高学生对传统文化的兴趣和认知，提升学生文化素养，促进传统文化的传承，助推国家兴旺发达。我们理应承担起传承及弘扬民族传统体育文化的职责，抓住教育强国的战略为民族传统体育发展提供的时代机遇。

党的二十大报告指出，我们要“办好人民满意的教育……全面贯彻党的教育方针，落实立德树人根本任务……加快建设高质量教育体系，发展素质教育，促进教育公平。”优先发展学校体育，是完成和建成体育强国这一艰巨任务的必然选择和必由之路。山西省教育厅发布的《山西省“十四五”教育事业发展规划》指出：“‘十四五’时期，是我国开启全面建设社会主义现代化国家新征程的重要机遇期，也是全面贯彻省第十二次党代会提出的全方位推动高质量发展的关键期，我省教育发展的外部环境和内部条件都发生了深刻变化……面对新形势，必须清醒地看到，我省教育事业发展与全方位推动高质量发展的要求、与人民群众接受优质公平教育的期盼相比还存在明显差距。”山西民族传统体育的发展应准确识变、科学应变、主动求变，抓住教育强国的重大机遇，开创全省教育新的局面，为新发展阶段全省民族传统体育学科建设指明道路和方向。民族传统体育学是一门以民族传统体育为研究对象，阐释其产生的原因、形成过程、发展规律的科学。我国民族传统体育学科发展经历了“从项目到课程，从课程到专业，从专业到学科”的历史演变过程。近年来，各地方政府及时跟进，聚焦体育课程建设和学生体质健康提升。如山西省教育厅、体育局积极推进民族传统体育进校园活动，不少学校开设了挠羊赛、形意拳、太极拳等传统体育课程，丰富了校园文化体育活动，提高了学生对传统文化的认知和兴

趣，学生们能够更加深入地了解和体验传统文化。如吕梁市离石区武术协会开展双节棍教学活动，山西晋中市太谷区部分中小学将形意拳设为武术课程内容，这无疑激发了学生对传统体育文化的参与感、认同感、归属感。但总体来看，山西民族传统体育进校园推广难度较大，存在学生对传统体育兴趣不高、师资力量不足等困难。因此，在教育强国背景下，应以政策为导向，抓住时代的机遇，加强与教育部门的合作，把民族传统体育引进到大、中、小学，使民族传统体育能够得到全面的推广和普及，这样既可以传承文化，又可以树立民族精神，还可以丰富学校体育教学的内容，加强校园文化建设，促进学生身心健康全面发展。首先，借助"体教融合"政策机遇，加大山西民族传统体育进校园的力度，形成"一校一品"的模式，加快民族传统体育特色学校的建设。一方面，加强"健康第一"理念的全面认识，深入挖掘民族传统体育的育人价值。融合多元主体联动机制，推动民族传统体育与教育、文化和健康等多要素的融合，挖掘民族传统体育的文化、教育、健身养生的价值内涵。另一方面，加强校园传承场域的重构，以地方特色的民族传统体育项目为依托，优化传统体育课程设置，构建各学段衔接的课程体系。其次，抓住"双减"政策的机遇，拓展地方特色传统体育的传承空间。2021 年 7 月中共中央办公厅、国务院办公厅印发了《关于进一步减轻义务教育阶段学生作业负担和校外培训负担的意见》，该意见指出"工作目标"为学校教育教学质量和服务水平进一步提升，作业布置更加科学合理，学校课后服务基本满足学生需要，学生学习更好回归校园，校外培训机构培训行为全面规范。山西各级教育部门应遵循教育规律，着眼于高质量的民族传统体育教育体系建立，促进山西民族传统体育文化传承，强化体育在学校教育中的重要地位，促进学生全面发展、健康成长。

四、健康中国：山西民族传统体育文化发展的重要保障

习近平总书记在党的二十大报告中提出"推进健康中国建设……把保障人民健康放在优先发展的战略位置"。健康中国以不断满足人民日益增长的健康需求来解决中国社会的主要矛盾。人民健康是健康中国、体育强国建设的重要指标，没有全民健康，就没有全面发展的社会。2022 年 2 月 24 日，山西省人民政府印发《山西省全民健身实施计划(2021—2025 年)》，计划以更好地满足人民群众的健身和健康需求为出发点和落脚点，全方位推进山西全民健身事业高

质量发展。民族传统体育在提高人民健康水平、促进人的全面发展、推动经济转型和社会发展、增进人民福祉、展示体育事业发展等方面具有综合价值和多元功能，是全面建成社会主义现代化强国、推动实现中华民族伟大复兴的基础性工作。“健康中国”战略的提出更是为山西民族传统体育的发展提供了目标导向和制度保障。

首先，健康中国为新发展阶段山西民族传统体育发展明确了目标导向。新发展阶段我国体育战略目标已由“竞技体育”的体育大国向“全民健身”与“奥运争光”双重目标的体育强国转变。“健康中国”“体育山西”等相关文件中多次提及民族传统体育在促进强体健身、心理调适、运动康养与休闲娱乐等方面的作用。山西省体育局积极响应党和国家的新发展阶段理念，借鉴创新、协调、绿色、开放、共享等新发展理念，全面考虑基层需求、社会意愿和顶层设计，将传统体育工作的重点放在广大农村地区，推动全民健身与全民健康融合，并把实现人民体育健身工程的“全覆盖”作为全省群众体育工作的突破口和切入点。山西农业人口占全省总人口的68.35%。农村是民族传统体育生存和发展的重要土壤，始终把农村群众体育作为“体育山西”“健康山西”的重要推动方向，是践行以人民为中心理念的重要实践，也是发挥民族传统体育基础性价值在促进群众体育发展、践行健康中国路径的共同追求。

其次，健康中国为山西民族传统体育发展提供了制度保障。“健康中国”“全民健身”计划中多次提出进一步挖掘传承传统体育文化，扶持推广武术、太极拳、健身气功等民族、民俗、民间传统运动项目。山西积极探索“健康山西”构建路径，积极做好政策落实工作，并颁布了《山西省构建更高水平的全民健身公共服务体系行动方案》的通知。该方案充分阐释了其重要意义，加强方案的学习与宣传的落实工作，紧抓国家政策落实，旨在顺应人民对高品质生活期待的内在要求，构建山西省更高水平的全民健身公共服务体系。山西具有益智健脑的动物棋、打瓦游戏，养生健体的形意拳、杨氏太极拳，休闲娱乐的太谷绞活龙等传统体育项目，它们经过晋文化的洗礼，而淘沙于民间传承和发展，具有坚实的群众基础，是推进“健康山西”“全民健身”重要的文化遗产。而新时代“健康中国”战略更是锦上添花，在山西民族传统体育项目的普及、宣传及推广，融入山西全民健身公共服务体系行动方案，加强传统体育的活态传承与利用等方面提供了制度保障和时代机遇。

第八章

山西民族传统体育发展的多元路径

第一节

加强学校教育传承

民族文化的传承，学校教育具有必须担当的义务。学校是一种有目的、有计划、有组织、系统地将人类知识、技能传承等广泛领域的文明进行有效传播和传递，为社会发展培养所需人才的机构。学校教育与其他教育形式相比，最突出的特征有以下两点：一是学校教育是目的性、系统性、组织性、可控性最强的一种教育活动形式，是由国家教育制度保障实施的；二是学校教育是由专门的教育机构和专职教育人员承担的，其主要任务是为社会培养人才。因此，学校教育是民族传统体育文化传承的重要场所，推进民族传统体育进校园，并将之纳入当地幼儿园及小、中、大学校体育教育，强化学校教育主阵地的作用，既是必须亦是必然。

民族传统体育的学校教育传承在商周时期就已初见端倪。周朝贵族教育体系中的“六艺” 里的体育部分的“射、御”都是贵族从政必备之术。在《周礼·保氏》中记载“养国子以道，乃教之六艺”，唯有贵族子弟才能接受完整系统的“六艺”教育。唐代武举制度的实施遏制了汉代官学、经学对身体训练的抹杀，遏制了重文轻武的价值取向，唤醒了体育在学校教育中的传承与发展，涌现了大批出身寒微、文化程度低的民间武艺人，有力地推动了以军事武艺为核心的武学教育体系的出现与发展。清末民初，在近代文化思潮的影响下，民族传统体育开始向科学化、规范化发展，在大批爱国志士的推动下成立了许多以推广、研究武术为主的组织，如精武会、中华武术会、中华尚武学社等。1915 年在天津举行的“全国教育联合会”第一次大会，通过了一系列体育教学改革方案，其中正式通过了许禹生教授等倡导的《拟请提倡中国旧有武术列为学校必修课》议案。随即教育部明令“各学校应添授中国旧有武技，此项教员于各师范学校养成之”。至此，千古传承至今的传统武术项目被正式纳入学校教育体系。

中华人民共和国成立后，以武术为主的民族传统体育项目成为学校体育教学中的必修内容。全国各地高校开始成立体育学院并设置武术系，开始培养武术及民族传统体育专业人才的高等教育实践。因此，加强学校教育领域民族传统体育的传承不仅有坚实的历史发展依据，还是新发展阶段实现教育强国建设、促进民族传统体育现代化传承与发展的必然趋势。

传承中华优秀民族传统体育文化，弘扬中华体育精神是新发展阶段建设文化强国和体育强国的重要政策方针。随着《关于实施中华优秀传统文化传承发展工程的意见》《关于全面加强和改进新时代学校体育工作的意见》等政策文件的出台，山西省教育厅颁布的《山西省教育事业发展“十三五”规划》指出，强化学校体育和艺术教育，强化实践育人、文化育人，深入开展中华优秀传统文化进校园等活动，各级各类学校应积极整理并纳入富有地方特色的民族传统体育项目，以充实和丰富体育课程内容，培育“一校一品”特色校园文化精品，增强文化育人的针对性和实效性。

因此，应加快新发展阶段山西民族传统体育进校园的改革进程，构建与大、中、小学一体化相衔接的民族传统体育教学体系，实现更高水平的普及教育。近年来我国民族传统体育教育质量整体得到了很大的提升，能够全面满足学生对民族传统体育教育的需求。今后应构建更加完备的终身体育教育体系，为全省乃至全国的体育教育现代化重大进展增添亮度，使体育的总体实力显著增强。

一、加强政府顶层设计，提供有效动力机制

政府是科学设计、政策制定的主体，是教育工作的重要推动力。新发展阶段推动山西民族传统体育的教育传承必然需要体育政策的保障和支持、体教部门的融合以及传承的保障机制。因此，政府应积极贯彻和落实“体育强国”“教育强国”“文化强国”等战略，不断加强学校民族传统体育教育传承的配套政策和保障机制建设，根据地方特色完善《学校体育工作条例》的实施机制，注重山西地域性民族传统体育特色项目的融入，构建“一校一品”的传统体育传承模式，加强各部门的联动机制，强化政府、学校、社会等多方协同的推进机制，完善民族传统体育进校园传承的生态文化和育人等成效的监督与评价机制，健全“一体化”政府统领机制。

二、整合教学素材，推动山西传统体育的有效融入

强化学校民族传统体育文化教育，以全面增强学生体质、锤炼意志品质和塑造传统体育文化精神品格为目标，全面加强学校民族传统体育文化传承工作的实施，广泛开展具有传统特色的民族民俗体育活动，推动传统体育特色学校的建设。

（1）发展有质量的学前教育，开展以传统体育游戏为主的幼儿体育教育。整理、创新简单且广泛流传于社会的具有山西地域和区域特色的传统体育游戏，对其进行创造性转化，将传统体育教学进行游戏化传承。如将山西传统体育项目挠羊赛、打瓦游戏、形意拳等内容进行整合与创编，制定简单规范的游戏规则，以匹配学前年龄段幼儿的身心特点，让山西优秀传统体育文化在幼儿游戏中得到本土化传承，在潜移默化中形塑幼儿的民族认同。

（2）推进义务教育阶段传统体育优质发展。以“双减”政策为抓手，强化课后服务的传统体育项目建设，挑选、整理极富山西区域特色的民族传统体育项目，加强学校兴趣课、运动队以及校园优秀传统文化的建设，增强青少年对山西地域民族传统体育的体验感、归属感和认同感。以“体教融合”为契机，加强社会资源与教育资源的深度融合，建立学校体育与社会联动机制，完善民族传统体育传承人参与校园教学的常态化机制，实现由“参与式”教学向“融合式”教学的转变，激发对乡土社会情感的认知，使民族传统体育成为连接学校与生活的桥梁，引导学生全面而有个性地发展。如山西阳城县卫生健康和体育局联合各单项体育协会铺开2023年度“传统体育进校园”志愿服务活动，将围棋、武术、足球、太极拳等传统体育项目带进学校，通过传承弘扬中华优秀传统文化，关爱未成年人身心健康，倡导青少年积极参与到体育运动中来，加强青少年思想道德建设。

（3）建成具有山西特色的高等教育体系。高等教育是实现人才培养、教学、科研以及社会服务的主阵地，应充分发挥山西高校在民族传统体育学科建设和专业发展、民族传统体育人才培养等方面的价值，尊重高等教育的系统性、规律性，用高质量发展引领并塑造民族传统体育的未来。如2010年文化部正式批准设立国家级“晋中文化生态保护实验区”，其中山西省晋中学院成为“晋中文化生态研究中心”的主力军，承担起“智囊团”的责任。晋中学院主导体育

系、旅游管理系、文化产业系等联合推动地方特色传统文化发展，将产出的大批研究成果与教学实践相结合，实现了文化的创新和转化，并与社会发展形成良性互动。在课程建设中将毽球、形意拳、柔力球等传统特色项目纳入大学公共体育课程体系。学校以“引进来”的方式积极推动与地方代表性传承人的联络，并面向体育教育专业和武术与民族传统体育专业的学生开设形意拳选修课和开展专题讲座等活动，成为推动山西民族传统体育文化传承与弘扬的典型案例。

三、完善课程体系建设，提升育人的保障

重视民族传统体育课程整体建设，积极打造“国家课程打基础，地方课程现文化，校本课程建特色”的课程体系。加强地方政府主导，教体行政部门、学校、社会体育俱乐部配合的体系建设，促进山西民族传统体育文化课程改革的政策支持和运行对接，加强校内外互通融合，构建校本课程和课外课程相衔接的课程体系。构建普通教育与民族传统体育相衔接的课程体系，构建恰适各学段青少年身心发展特点的大、中、小学一体化的课程体系。加强中华优秀传统文化基地与相关非遗学校的联系，保障山西民族传统体育教育的落实，加强校园传统体育文化生态的建设，促进民族传统体育传承人与学校教师的交流与融合，加强传统体育师资队伍建设。强化多元主体的参与与融合，凝聚育人合力，形成统一认识，扎实推进具有山西特色的民族传统体育融入学校课程体系，确保课程有效实施。

四、打造高质量的师资队伍

一流的教师是培养一流人才的关键。随着城镇化的快速发展，“乡土中国”正加速向“流动中国”演进，在流动的社会中，好资源、好制度、好医疗、优文化、优人才等不断向城市中心流动，致使乡村呈现“空心化”的状态。笔者在调研时发现，农村体育教育的主要问题不再是物质资源的缺失，学校场地设施建设足以满足学校体育教学的要求，但农村体育教育的发展仍问题较多。乡村体育教学中体育专任教师的缺失已经成为制约学校体育教育发展的关键因素。

流动性是全球化的重要表现形态，城市是社会流动的主要载体，流动性已

经成为社会运行的常态，其以不可阻挡之势蔓延至社会的各个领域。面对社会的流动、人才的流失，民族传统体育应借助本土优势，加强非物质文化遗产传承人与学校教师的融合，“人才引流”和“自主培养”双管齐下，打造高质量的师资队伍。一是鼓励传承人才向学校流动。建立代表性传承人进驻学校参与体育教学的准入制度、保障机制以及监督反馈机制，强化师资力量。采用政府购买服务等方式加强社会组织参与学校教学，搭建联合机制，拓展校内与校外相连接的课程体系及教学平台，挖掘传统体育的传承人才，纳入培养机制。二是加强传统体育人才的自主培养，构建定向化的人才反哺体系，给予传承人才升学就业的保障，建立人才培养考评机制，保障育人的效果。除此之外，应加强师德师风建设，抓好师资培训，稳步深化改革，打造新时代高质量的师资队伍。

第二节

改革竞技比赛的体制

2019 年 9 月习近平总书记在全国民族团结进步表彰大会上提出，树立和突出各民族共享的中华文化符号和中华民族形象，增强各族群众对中华文化的认同。民族运动会是各民族团结、交流、增进共识的重要场域和文化符号，有助于铸牢中华民族共同体意识，在一定的场域内调动各民族集体参与。1953 年我国首次举办了全国民族形式体育表演与竞赛大会，这次盛会是新中国举办最早的全国性的民族类体育赛事，后被定为第一届全国少数民族传统体育运动会。自此，全国少数民族传统体育运动会在我国民族体育事业发展的历程中刻上了崭新的印记，正式成为彰显我国民族文化的重要赛事。中华人民共和国成立以来，党中央格外重视和关注民族传统体育文化的传承与发展，将全国少数民族传统体育运动会纳入国家体育竞赛系统。截至 2024 年 4 月，我国已经成功举办了 11 届全国少数民族传统体育运动会，赛事规模不断壮大，成为全国重大体育赛事标识，同时也成为各民族展示历史与文化、促进交流交往交融的重大体育舞台，还是凝聚各民族共识、实现民族传统体育文化赓续与传承、铸牢中华民族共同体意识的重要途径。

山西省历来就是一个多民族分散杂居的省份。在历史的文化长河中，民族间的交流与纷争，无数次的民族迁徙、屯田、移民、朝代更迭等造成的人口流动，使山西各民族杂居聚居、融合交错。目前，山西省有满族、回族、朝鲜族、蒙古族、藏族等 55 个少数民族，是少数民族分布较多的省份。山西省自参加全国少数民族传统体育运动会以来，成绩斐然，特别是传统优势项目形意拳和翼城花鼓，一直名列前茅。在 2019 年 9 月第十一届全国少数民族传统体育运动会上，山西民族运动会代表团参加了民族式摔跤、蹴球、板鞋竞速、珍珠球等项目，奉献了一场场技艺高超的体育竞技比赛和一场场饱含民族地域韵味的精彩表演，跨越了各民族文化边界，推动了全民健身、体育强国事业的蓬勃发展，促进了各民族交流交往交融，有助于构筑中华民族共有精神家园。因此，推动山西民族传统体育竞赛体制机制改革，创新赛事体系，是带动山西体育事业发展的核心杠杆，是助推体育强省建设的必然选择。

一直以来，我国体育竞赛管理体制和运行机制是在西方体育竞赛模式的主导下运行的，把“勇攀高峰、为国争光”作为竞赛目标，各省(市、区)以全运会为龙头，全面推进竞赛体制改革，形成了国家统办的竞赛体制。特别是2008年北京奥运会后，围绕全运会进行了竞赛体制、项目设置、参赛方式等方面的深入改革，推进了竞赛的社会化、市场化发展。在新发展阶段，体育战略也发生了变化，从以往单向度的为国争光向全面服务社会发展转变，紧密对接新时代体育强国建设需要。由于大多数项目设置是与奥运会接轨的，再加上民族传统体育项目极具特点而难以客观评价，民族传统体育项目竞赛化程度不高，且遭受许多学者的质疑。因而应通过全国少数民族传统体育运动会这个实践平台，发挥运动会的价值导向作用，确保运动会对政治意识和文化形态的表达，实现传统体育资源的开发与利用，推动全民健身计划的实施，强化和提升民族自信心、凝聚力，促进各民族交往交流交融，构筑中华民族共有精神家园。

一、构建以政府为主导，多元主体互动互通的传统体育竞赛治理体制

竞赛是带动体育运动全面开展的核心杠杆，是推动体育强国建设，促进民族传统体育事业高质量发展的关键中枢。因此，新时代推进民族传统体育文化的现代化传承，必须创新民族传统体育竞赛管理体制。一是充分调动山西各级政府在举办传统体育类赛事方面的主动性、积极性。民族传统体育竞赛的组织离不开政府的引领，更需要社会资本的参与及市场、学校等主体的有效支撑。政府职能是民族传统体育竞赛开展的重要保障，在贯彻和落实《关于深化体教融合 促进青少年健康发展的意见》的基础上建立多部门联办民族传统体育竞赛的协商机制。依据山西省第十六届运动会竞技体育竞赛规程总则，确定年度竞赛目标、竞赛计划、竞赛规程等，充分发挥政府在主导、协调管理、资源配置

及监督反馈等方面的领导作用，为山西民族传统体育赛事提供政策保障。二是明确传统体育协会组建的性质及职责边界，简化登记注册程序，依法做好监管。加快推进山西省运动会的改革，发挥山西省、市、县传统体育社会组织在竞赛组织中的基础作用，充分发挥山西各省、市、县武术协会、健身气功协会等代表性社会组织在培养青少年人才、动员群众参与、提供竞赛服务等方面的能力，构建民族传统体育社会组织网络体系。三是通过合法的市场运作，加强民族传统体育赛事的市场化运作，积极打造山西“武圣杯”跤王争霸赛，打造旅游与传统体育融合的品牌赛事，实现传统体育赛事与资本市场、行业结构、赛事布局的融合发展。

二、以“体教融合”为契机，推动学校传统体育竞赛体系的构建

《关于深化体教融合 促进青少年健康发展的意见》指出要“加强学校体育教育工作”，“完善青少年体育赛事体系”，根据“一体化设计、一体化推进”原则，教育、体育部门整合赛事，发挥单项协会在举办赛事方面的专业性、权威性作用，全面推进竞赛体制从国家统办向社会、学校、市场融合共办发展，构建多元协同发展的传统体育竞赛体系。一是建立分学段、跨区域的传统体育赛事体系。一方面，教育、体育部门整合各类赛事，依托武术之乡、传统体育非遗学校、传统体育特色学校等，联合山西大学、山西师范大学、地方师范院校构建“小学、初中、高中、大学”四级传统体育赛事体系，充分利用寒暑假、课余时间等举办各级赛事；另一方面，由政府牵头，以行业协会为主力，跨区域（省、市、县）举办传统体育赛事，逐步把学校、俱乐部、传统体育特色学校、体育非遗学校等的各类青少年队伍纳入统一的竞赛体系，积极对接全国的民族传统体育赛事。如以山西传统武术、挠羊赛、射箭等传统优势项目为引领，并根据地域特色和项目特点积极推进，改革“组别设置、组织实施、赛制安排”，按照学校、社会联合共办的赛事模式，充分利用假期组织跨区域传统体育比赛。二是通过体系化竞赛制度发现、选拔和培养优秀后备人才，打通人才培养通道。目前，传统体育项目传承人高龄等问题层出不穷，严重制约了传统体育文化的传承与发展。因此，一方面以传统体育竞赛为牵引，增强青少年对优秀传

统体育文化的认同感，创新“初级、中级、高级”传承人阶梯式认定机制，建立“定向化”的传承人培养体系，保障其升学、就业的渠道畅通，及时给予物质、精神激励；另一方面，推进山西大学与山西省文化和旅游厅共同成立的非物质文化遗产研究院建设，加强传统体育非物质文化遗产传承基地、学校及研究院的联合，构建“学、练、赛、研、创、推”等一体化的创新平台，为高层次传承人提供实习、创业、就业等实践基地，创新传承人的认定方式，为传统体育培养后备人才。

三、以人民为中心，打造“一县一品”全民健身品牌赛事格局

传统体育具有坚实的群众性、地域性基础，在满足人民对美好生活的向往、助推乡村振兴方面具有不可替代的作用。发挥传统体育赛事带动效应，构建助力全民健身的群众性、地域性的传统体育赛事体系，是推进全民健身事业高质量发展、提高居民健康水平的有力抓手，是传承中华优秀传统体育文化、推动乡村文化繁荣的有效途径。但目前山西各市在地域传统体育宣传、赛事举办及政策资源支撑等方面存在发展桎梏，未重视传统体育在助力乡村振兴中的根本和基础作用。因此，一是要发挥政府部门的支持作用，将具有地域特色的传统体育项目打造成城市赛事品牌，组建社区、县(区)、城市联赛，激发山西各传统体育项目在助力全民健身、经济社会发展中的活力。政府部门应提供场地设施、资源调配等举办赛事的必备条件，发挥组织引导作用，提高政府分管体育的领导等举办传统体育赛事的能力，提升村干部及群众对传统体育价值的认知和办赛参与度，使传统体育赛事在山西遍地开花，逐步构建以“项目化、常态化、生活化”为方向的传统体育竞赛体系。二是支持和鼓励各类社会力量参与传统体育赛事治理，推动村民共商、共参、共享，落实以人为本的办赛理念，立足实际，突出特色，贯彻因地制宜的办赛方略。一方面，健全政府、社会、学校融合机制，推动传统体育协会办赛，切实提高赛事品牌的社会参与度与关注度，充分调动青少年和家长的积极性；另一方面，立足省内传统体育的实际与资源禀赋，以打造山西全民健身品牌赛事为目标，基于省内各乡村自然环境、项目发展态势、民风民俗、经济状况等，对传统体育赛事方案进行设计，明确办赛目的、办赛规模、针对人群、场地选择、组织流程等，提升传统体育赛事助

力乡村振兴、全民健身的作用。山西的具有代表性的传统体育品牌赛事，如传统体育与旅游融合的“武圣杯”跤王争霸赛、忻州传统挠羊赛等，为山西其他各地形成“一地一品”“一行一品”的全民健身品牌赛事提供了操作样板。

四、拓展“新赛道”，推动传统体育赛事的智慧化、产业化发展

一是推进“互联网+赛事”“物联网+赛事”的模式，大力推广省内具有地域特色、可居家进行的全民健身网络赛事活动，举办线下线上融合发展、全员参与、多层级联动的城市传统体育运动会。如举办山西省传统体育网络视频交流大赛，开办“我要上全运”的传统体育赛事活动，支持和鼓励各社区广泛开展群众喜闻乐见、形式多样的传统体育赛事活动。二是加强体育场馆的智慧化建设，建立集赛事组织与宣传、场地预订、健身指导等于一体的数字化服务平台，完善信息查询、场地预订、健身指导、门票销售等服务，促进体育领域信息化水平的提高，推动建立省、市、区(县)三级互联互通的全民健身信息服务平台。三是推动传统体育产业的竞赛体系建设。一方面，打造传统体育职业化赛事，大力推动竞技类传统体育项目走职业赛事道路，如跑鼓车、挠羊赛、射箭、形意拳等项目，鼓励品牌赛事的打造，使更多的传统项目向职业化赛事方向发展；另一方面，发挥传统体育品牌赛事在助力乡村振兴、全民健身、旅游业发展、户外拓展等方面的作用，围绕“黄河、长城、太行”三大旅游板块，开展“游山西·读历史·强体魄”品牌赛事活动。充分利用民俗节庆、全民健身日、旅游旺季等节点，鼓励赛事运营机构在体育特色小镇、休闲度假类景区开展传统体育赛事活动，积极推动全民健身与全民健康融合，推进健康关口前移，加快促进山西省传统体育赛事体系的建立，打造赛事与康养、文化、旅游等产业一体化融合发展模式。

竞赛是驱动民族传统体育高质量发展的核心引擎，是实现民族精神凝聚、价值功能释放、文化传承、资源集聚的重要端口和平台。山西省内各竞赛利益主体应该充分利用赛事的杠杆牵引效应，协调多元主体积极参与赛事治理。以“体教融合”为契机，加快推进学校传统体育竞赛体系的构建，强化教育、体育、社会赛事资源的整合，打通民族传统体育传承人才的培养与成长通道，构

建具有山西特色的体教融合传统体育赛事体系。以“体育强国”为导向，构建助力全民健身的传统体育赛事体系，真正推动山西文化意象的塑造与传统体育品牌赛事的推广，拓展山西民族传统体育的生存空间，使之重新融入生活场域，通过“生活性保护”来做到民族传统体育的整体性保护与系统性保护。推动民族传统体育赛事的现代化发展，引导传统体育赛事向智慧化、产业化方向发展，构建助力传统体育产业高质量发展的赛事体系，为山西传统体育现代化发展作出实质性贡献。

第三节

构建"民族传统体育+旅游"融合发展模式

2021年10月，国家体育总局发布的《"十四五"体育发展规划》提出"挖掘各地民族传统体育的节庆活动""推动体育与旅游、健康、养老等产业融合发展"。民族传统体育旅游具有自身独特的空间布局和文化意义，已经成为文化旅游的重要部分，是一项主要的社会文化事项。山西是中华文明的发祥地之一，有文字记载的历史可以追溯到3000年前，被称为"中国古代文化博物馆"，有丰富的名胜景观、历史文化景观、名山大川等旅游景点。党的二十大报告提出，坚持以文塑旅、以旅彰文，推进文化和旅游深度融合发展，这为新发展阶段山西民族传统体育文化与旅游融合发展提供了时代契机。

因此，如何将山西民族传统体育文化的传承与发展植入山西旅游业，构建"民族传统体育+旅游"的融合发展模式，实现山西民族传统体育文化与旅游业的协同发展，推动山西各地域产业结构调整，以服务山西经济与社会发展，是新发展阶段民族传统体育文化发展面临的重要问题。

一、加强多元主体的沟通协作机制

2019年国务院办公厅印发的《关于促进全民健身和体育消费推动体育产业高质量发展的意见》指出："鼓励体旅融合发展。探索将体育旅游纳入旅游度假区等国家和行业标准。实施体育旅游精品示范工程，打造一批有影响力的体育旅游精品线路、精品赛事和示范基地。"各级政府要强化相关部门的责任落实，加强各部门间的协同联动，建立相关协调机制，确保实效。民族传统体育文化与生态旅游融合发展兼具体育文化和生态旅游的双重属性，推动其高质量发展须以新发展理念为引领，以体制机制改革持续推进为动力，构建完整的协同治理体系。要从政策、制度上给予保障，稳定各主体对民族传统体育文化资源的保护与利用，明晰民族传统体育文化资源所有者、地方政府、旅游服务者、开发企业等主体间的权责利关系。因此，应出台山西民族体育文化与生态旅游深度融合发展的扶持政策，建立以政府为主导的协同创新保障机制，增强推动高质量发展的政策引领作用与调控力，健全全过程的监督评价机制。资源所有者应遵循旅游市场的规律，企业应注重经济效益和社会效益的提升，加强与地方民众的合作与沟通，形成多元主体协商合作的发展机制，不断优化游客的体验感、参与感，创新民族传统体育文化的表现形式。

二、打造山西民族传统体育文化旅游圈

加强山西基础设施建设，打造山西民族传统体育文化旅游圈，形成体育旅游综合体，构建集度假、娱乐、休闲、健身、康养等于一体的服务模式。因此，首先，将民族传统体育旅游开发与城市生态文化建设紧密结合，不断完善公共基础设施，保持城区、景区等区域生态环境的井然有序，突出当地文化特色，融入多元化的优秀传统文化元素，建立山西旅游的示范街区。完善旅游服务体系，加强物质保障，加强“住宿、餐饮、出行、购物”等的一体化，提高便捷性，加强旅游咨询、宣传、预订、票务等服务的智慧化、多元化，构建全方位、多角度、智能化的旅游服务体系，不断散发山西地域的文化魅力，提升广大旅游群众的获得感、幸福感、安全感。其次，在加强基础设施建设的基础上，根据文化旅游资源的地域分布特征，山西形成了五个主要的文化旅游产业圈，分别是晋北佛教文化旅游圈、晋中晋商文化旅游圈、晋南寻根文化旅游圈、晋东南红色文化旅游圈、晋西北红色文化及沿黄自然风光旅游圈。可根据五大文化旅游产业圈的特点，将山西各地域民族传统体育旅游资源融入其中并贯穿起来，构建区域旅游圈，打造以山西民族传统体育为主题的旅游线路和品牌旅游产品。如将晋中云竹湖景区国家体育旅游示范基地、中国忻州“挠羊跤”示范基地、介休张壁古堡少林禅弓、“形意拳”优秀传统文化艺术教育基地、山西省体育博物馆等进行贯穿，加强民族传统体育传承基地与生态旅游开发有限公司及传统体育非遗项目的联结，形成具有山西特色的体育文化旅游圈。

三、打造具有地域特色的体育旅游示范基地

挖掘开发山西国家级、省级的民族传统体育旅游示范项目，加强民族传统体育旅游与民俗旅游、节庆活动互促共融。可依据传统节庆活动、非物质文化遗产保护日、节日假期、全民健身日等时间点，依托山西旅游景区等，将具有特色的民族传统体育项目融入环境建设，形成“民族传统体育+旅游”融合发展模式。一是以“英雄人物+舞台剧”的形式，将传统武术名家元素融入历史文化景区，创新中国武侠舞台剧，展现传统武术的技击特点、文化精髓，弘扬爱国精神，提升旅游者的视觉感、认同感，设置技击实践参与环节，提升旅游群体的参与感和体验感。如将形意拳宗师姬际可为晋商保驾护航的英雄故事进行创编，展现形意拳的历史文化内涵、爱国精神以及晋商镖局文化；将忠义武圣关羽、驱奴将军卫青、西汉名将霍去病、大唐功臣薛仁贵等的英雄事迹与传统武术相结合，再现英勇神武、满门忠烈、精忠报国等文化精神。二是开发文化产品，提升服务质量，满足游客的体验需求。将射箭类的民族传统体育项目融入旅游景区，提升群众对射箭文化的了解，让群众能切身感受到传统射箭文化的魅力。如将晋中射箭文化融入平遥古城、乔家大院等历史文化古镇，展现古代君子六艺(礼、乐、射、御、书、数)中的射艺，可以提升旅游群体对射礼、射技的体验感、参与感，推动地方经济效益和社会效益的提升与民族传统体育的协同发展。三是以体育赛事为主题，打造传统体育文化旅游品牌，建造民族传统体育项目大型比赛场地与设施，利用全民健身活动、非遗文化保护日等，以举办群众喜闻乐见的竞技类民族传统体育项目为主，提高吸引力，带动地方旅游业的发展。如借全民健身日活动，依托五台山等景区，打通与“忻州摔跤节”比赛间的通道，推进旅游、赛事一体化的发展，逐渐形成品牌特色，构建全域“文化　旅游—赛事—经济”一体化的发展模式。

四、创新“新媒体+体育旅游”发展模式

随着现代信息技术的快速发展、智能设备的日益大众化，人们日常的交往交流方式逐渐由文字、声音与图片向“媒体视频”转变。因此，社会公众开始借助抖音、快手等短视频 App 获取旅游信息。2022 年抖音大数据报告指出，抖音

日活跃用户超6亿，这意味着每天有一半的中国网民在使用抖音。因此，应充分发挥新媒体在民族传统体育旅游传播方面的“倍增器”作用。加大对新媒体与山西文旅演艺业融合发展的政策支撑，组建智能、技能融合的智囊团，加强宣传视频的制作、宣传，将新媒体技术运用到旅游的全过程，如在景区将民俗文化、历史文化、武术文化、英雄人物等进行视频展示。加强导游队伍培训，优化传统的讲解方式，可采用新媒体介绍视频加现场讲解的方式进行讲解，使旅游者感受民族传统体育与美景融合的文化魅力，实现身临其境场域重构，使旅游者感受山西文化的魅力。

山西文化旅游具有得天独厚的优势，自然遗产与非物质文化遗产丰富，但体、文、旅产业融合深度不足，发展规模不大。新发展阶段应打造具有山西地域特色的体、文、旅一体化的发展模式，加强政府的主导作用，鼓励资源所有者、旅游企业、服务者等协同治理，不断扩大社会力量的参与，共建共享体、文、旅融合发展成果，为山西民族传统体育旅游事业的高质量发展提质增效，打造地域名牌。

第四节

加强传统体育非物质文化遗产保护

非物质文化遗产是中华优秀传统文化的重要组成部分，是中华文明绵延传承的生动见证，是连结民族情感、维系国家统一的重要基础。2004 年 8 月中国正式加入联合国教科文组织《保护非物质文化遗产公约》至今，已有二十年。其间，中国的非遗传承与保护受到了党中央与社会各界的高度重视，取得了举世瞩目的成就，可谓是起步晚、发展快、成效大。现已经形成了“县级—市级—省级—国家级”四级由文化主管部门进行的逐级申报体系，“保护为主、抢救第一、合理利用、传承发展”的指导方针已经深入人们的心中，体育类的非遗也成为学界关注与研究的重要对象。特别是党的十八大以来，在以习近平同志为核心的党中央坚强领导下，我国非遗保护工作取得显著成绩，在经历了非遗起步阶段、申遗热阶段、规范化发展阶段后，非遗保护将进入新时代的全面深化发展阶段，此阶段的非遗保护理念应更加深入人心，保护举措应更加精准务实。

山西是中华文明的重要发祥地之一。截至 2024 年 3 月，山西已有 149 名国家级非遗代表性传承人和 182 个国家级非遗代表性项目。保护好、传承好、利用好丰富的历史文化遗产，是三晋儿女义不容辞的责任。山西体育文化以独特的文化表现形式融入中华文化的博大版图，是一种结构分明、层次完整、内容丰富的文化形态。目前山西省省级 6 批体育类非遗项目共计 31 项，其可分为传统武术类、民俗体育类、体育表演类、其他游艺类四大类别。山西历史文化具有多态性，不仅有在游牧和农耕两种文化形态下形成的传统体育项目，还贯穿着晋商文化的精髓。“申遗”不是终点，传承才是重点。2022 年 1 月 27 日，习近平总书记考察调研世界文化遗产山西平遥古城，就保护历史文化遗产、传承弘扬中华优秀传统文化发表重要讲话，彰显了人民领袖守护中华民族文化根脉的历史自觉和文化自信，为山西加强历史文化遗产保护传承指明了前进方向，提供了方法路径。因此，新发展阶段要立足于山西“本土文化主体”的发展，探究多样性的发展途径，优化民族传统体育非遗的资源架构，推进山西民族传统体育的创新性发展和创造性转化。

一、发挥政府主导力量，扩大社会多元主体参与

2021 年 8 月，中共中央办公厅、国务院办公厅印发的《关于进一步加强非物质文化遗产保护工作的意见》明确指出：坚持党对非物质文化遗产保护工作的领导，巩固党委领导、政府负责、部门协同、社会参与的工作格局。目前我国非遗保护是以政府的主导为主，随着抢救性保护、生产性保护、整体性保护等理念的提出与不断深化，非遗工作坊、非遗示范基地等传承场所不断涌现，社会参与非遗保护的力量不断强大。但非遗各类发展存在均衡性失范，传统工艺类非遗保护融入经济市场、旅游产业、商业平台等的程度相对较高，反观之，传统体育类非遗保护并未形成良好的社会氛围，保护主体和传承主体的合作过于表面化，多元主体各自为战，治理体系和机制仍未形成。因此，应充分发挥政府主导力量，扩大社会多元主体参与，加强协同发展和治理体系化的建设，促进传统体育非遗的创造性转化和创新性发展。

二、强化传统与现代培养方式的结合，培养后备传承人

传承人是非遗传承的核心，制约非遗保护传承最大的困难是后继乏人的问题。2021 年 8 月，中共中央办公厅、国务院办公厅印发的《关于进一步加强非物质文化遗产保护工作的意见》指出：加强传承梯队建设，促进传统传承方式和现代教育体系相结合，拓宽人才培养渠道，不断壮大传承队伍。目前，山西传统体育类非遗传承人群体存在老龄化、传承断层以及传承人数量不均衡等问题。如忻州挠羊赛各级传承人共有 8 位，其年龄整体偏大，最长者崔富海老先生 78 岁，最小者马爱伟教练 49 岁，平均年龄为 62 岁。另外，传承方式仍是以传统的师徒相传、家族相传等为主要形式，在培养传承人的数量、质量上难以满足现代化社会发展对人才的需求。因此，新发展阶段应积极贯彻非遗政策理念，加强非遗传承人培养的教育体系构建，促进传统教育方式与现代教育体系相结合，形成系统化的传承人培养体系。一是进一步加强体教融合的体制机制

改革，将体育非遗传承人的培养纳入体教融合的系统工程，加强学校和社会的良性互动及资源的整合，推进代表性传承人从参与式教学向融合式教学转变，支持中小学校建立运动队，对有传承能力且有传承意愿的传承人才采用定向化的培养方式。同时，加大政府政策的扶持力度，加强教育部门、体育部门、文旅部门等的育人合作，对传承人才在升学、就业上给予政策支持，打破普通教育与专业教育之间的壁垒，保障其进入高校学习专业知识的机会。二是加快推进民族传统体育非遗类课程开发和教学建设。一方面，应组织高校专家、代表性传承人为中小学编写和优化民族传统体育教材，并让学生、教师、家长等人员都参与到非遗课程的开发中来，注重理论与实践相结合进行研究，使传统体育非遗教育课程更加贴近教学实际和生活实践，同时，我们可以借助现代化的新媒体信息技术打破时空的屏障以拓展知识的可利用范围，灵活运用现代化技术为传统体育非遗教育的课程开发保驾护航；另一方面，在开展教学活动时始终考虑和兼顾传统体育非遗的特点和学生对事物的认知发展规律的双重性，比如实践性、跨学科性、生活性等，充分调动学生的主动性。另外，在教学中渗入地域优秀传统文化，推动传统向现代的理性变革与延续性发展，彰显出地域文化的独特价值，使学生在学习中感受传统文化的魅力。如山西文水长拳已通过设立分会、建设非遗传习所、定期展示、列入学校必修课等形式在文水及周边地区广泛研习传播，培养和储备了技能强、素养高的后备人才，组成了由多方力量支撑的传承队伍。三是广泛开展培训与交流，积极组织代表性传承人参与市(县、区)的非遗培训和交流，鼓励学校体育教师或专职教师参与民族传统体育类非遗的培训，扩大师资队伍，解决体育师资匮乏的难题，逐步构建“兼职+专职+传承人”的教师共同体。积极组织非遗代表性传承人才参与国内外的相关培训活动和学术交流，用先进理论指导实践，以实践丰富理论，不断推动本土民族传统体育人才拓宽视野和思路。

三、加强区域非遗文化建设，助力乡村振兴

传统体育非遗是山西区域文化的重要组成部分，加强传统体育非遗与山西区域文化发展相融合，通过挖掘传统体育非遗在文化、经济等方面的价值和意义来助推乡村振兴，是提升山西区域文化软实力的重要方式。新发展阶段，山西省印发了《山西省黄河流域非物质文化遗产保护传承弘扬专项规划(2021—

2035年)》，该规划的出台对于山西传统体育非遗保护传承工作而言既是机遇又是挑战。它明确了新发展阶段山西黄河流域非遗保护的总体要求、重点任务和保障措施，也为晋北、晋东南等区域非遗传承及文化生态保护带来了深远的影响。

因此，一是应激发传统体育非遗创新创造活力，助力乡村文化建设。不断推动传统体育非遗与全民健身、全民健康融合，构建更加灵活的体制机制，创新更优质的内容体系以满足人民对健身娱乐的需求，推动传统体育养生与全民健身、全民健康深度融合，激发人们对健康的内生动力，促进乡村振兴与民族传统体育的融合，提供源头活水，为推动精神生活共同富裕提供不竭动力。二是应构建更新颖的传统体育非遗组织机制，创建传统体育与乡村振兴协同创新工作平台，发挥好乡村体育精英群体的示范引领作用。新发展阶段，发挥好乡村精英群体在推动乡村文化振兴中的作用是必然趋势也是必要条件。传统体育非遗的传承人或传承组织、乡村网红以及创业青年等，日益成为振兴乡村的“新乡贤”，其示范引领作用将有力地推动乡村文化振兴。如山西国家级传统体育类非遗传承人具有德高望重的身份地位，其在推动地方体育发展方面具有一定的影响力，要在政策支持、经费扶持、工作坊建设等方面给予保障，并加强与乡村网红的合作交流，推动传统体育非遗的文化转向，拓展其文化生存空间，激活传统体育文化资源，促进传统文化复兴。三是应发挥传统体育文化引领作用，提供优质公共体育服务。根据党的二十大报告中提出的“发展乡村特色产业、拓宽农民增收致富渠道”的要求，加强传统体育非遗对促进经济建设、社会发展的重要作用，推动民族传统体育非遗与文化、旅游、康养、教育、医疗等产业有效融合，为乡村振兴提供全方位的保障。一方面要大力开展乡村群众喜闻乐见的传统体育文化活动和赛事，以满足人民日益增长的美好生活需要，另一方面要合理增加传统体育类服务供给。积极编制山西省传统体育非遗传承发展计划，组织政府、专家开展全省范围的传统类项目的调研，打造传统体育非遗传承示范基地，开展乡村文化记忆工程，推进文化生态保护区建设稳步进行。积极贯彻体育强国战略、全民健身计划，将传统体育非遗深度融入乡村地区的教育、经济、文化等生产生活实践，以供给侧带动需求侧，将社会主义核心价值观教育寓于文化供给之中，不断完善乡村公共体育文化服务体系。另外，积极推动晋中、晋南、晋北区域协同发展，实现跨区域民族传统体育平衡发展，以优势项目带动弱势项目，实现区域间的良性互动，以期2050年，黄河流域非遗保护传承弘扬体系全面建成，山西传统体育成为黄河文化的重要名片，山西黄河流域传统体育非遗传承与发展进入高质量发展阶段。

四、创新发展“非遗+”模式

2022年8月17日中共中央办公厅、国务院办公厅印发的《“十四五”文化发展规划》指出“建设全媒体传播体系”，推动科技赋能文化产业，焕发传统体育非遗发展的现代化活力，推进非遗高质量融入生活。全球化、现代化的历史进程为传统体育传承与保护带来了诸多挑战，“传统—现代”之间的张力也动态地影响着传统体育文化意义的产生，同时，也给传统体育的传承与发展带来了新的发展途径。非物质文化遗产的价值并非与生俱来，而是由社会、文化、话语的动态复杂动力机制形成的。与其一味地追求传统体育的“原生态、本真性”，而让现代化生活方式削足适履地去迎合传统固有形态，还不如迎难而上调适自己去适应现代化的发展，促进传统体育文化的现代化转型。因此，新发展阶段如何将山西传统体育的优秀文化基因与现代文化相融合，探索出一条适应山西传统体育发展的现代化的新道路，也是我们应该探寻的重要领域。一方面，创新“非遗+互联网”传播模式，促进山西民族传统体育传播与现代化新媒体技术的融合，利用受众较广的新媒体传播方式，如抖音、快手、微信视频号、微博等，创新非遗传播方式，使山西特色传统体育能够快捷、高效、精准地裂变式传播，增加受众群体对传统体育的文化体验、视觉表征，使山西传统体育能被大众熟知，进而走出山西，走向全国、走向世界；另一方面，创新“非遗+”传承模式，传播不等于传承，加强山西传统体育与蓬勃发展的文化消费市场及旅游业、教育业等各行业的融合，不断推进“非遗+旅游”“非遗+教育”等传承模式，为传统体育非物质文化遗产提供可持续发展的载体和场景。

第五节

加强山西民族传统体育文化产业的开发

“点亮全国一半灯，暖热华北一半炕”——这是人们印象中的山西。山西省以煤闻名，煤炭、冶金、焦炭和电力等是其经济支柱。2009 年开始，山西省开始通过大规模的煤炭资源整合，向新的支柱产业——煤化工、机械装备、材料工业等行业转型。十几年来，山西传统煤炭产业加快转型，高精尖的新兴产业不断壮大，生态环境持续向好，不断向“智能化、数字化、绿色化”方向发展。在新发展阶段以中国式现代化全面推进中华民族伟大复兴的进程中，第三产业经济结构不断优化，协调发展成效显著。根据国家统计局对党的十八大以来的系列报告的统计，“2021 年第三产业增加值占 GDP 的比重为 53.3%，比 2012 年提高 7.8 个百分点，稳居国民经济第一大产业”，在社会力量参与公共服务建设方面，旅游、文化、体育、健康、养老等产业的发展态势蒸蒸日上。

我国民族传统体育的产业化发展也比较快速。传统体育的产业化发展不仅能够提升我国文化的软实力，还有助于传承我国优秀的传统文化。党的十八大以来，有关体育强国战略的文件政策不断出台，为体育产业发展吹响了号角。党的二十大报告再次指出“加快建设体育强国”，推动文旅融合，广泛开展全民健身活动，促进竞技体育和群众体育的全面发展。在党的政策指引下，体育与旅游、体育与健康产业、体育培训、体育康复等产业发展迅速，各省相关政策相继出台。2021 年 2 月 18 日，山西省为贯彻国务院办公厅印发的《关于促进全民健身和体育消费推动体育产业高质量发展的意见》，以“体育山西、健康山西、幸福山西”建设为目标，从设施、场馆与赛事、体育与健康产业、体育与文化旅游融合等方面提出了具体的实施意见，为山西民族传统体育产业化发展提供政策支撑。然而，山西作为历史文化资源丰富的文化大省，其民族传统体育文化产业发展短板多、根基弱，且市场供需矛盾突出、经济效益低。因此，在中国式现代化新道路进程中，应强化山西各区域的协同治理、融合发展，推动山西民族传统体育产业化发展与转型。

一、深化政府宏观调控，搭建民族传统体育产业化驱动平台

宏观调控是党中央加强经济管理、维护宏观经济稳定、促进经济平稳增长的重要手段。由于山西民族传统体育产业矛盾突出、潜力待释放，只有协同政府、文旅等多元主体搭建创新融合发展的驱动平台，才能激发民族传统体育产业的活力，吸引企业参与，释放市场潜力，提升区域竞争力，为山西传统体育产业布局精心谋划。

二、打造区域布局，推动山西民族传统体育产业高质量发展

一是构建山西全域的"一群两区三圈"的产业区域布局。2022年8月13日，"中国这十年·山西"主题新闻发布会发布构建"一群两区三圈"，集聚高质量发展新动能。一群是以太原为核心，其他四市协同发展，推动中部城市崛起；"两区"即太忻经济区、山西转型综改示范区，强势起步持续发力，着力打造南北引擎；三圈是"晋南、晋北、晋东南"三个城镇圈，向内以提升凝聚力为目标，向外以扩大影响力为目标。体育是山西产业发展的阳光事业、民生事业、幸福事业，我们要全面贯彻习近平总书记关于体育的重要论述，抓住新发展阶段的机遇，把民族传统体育发展融入新时代山西改革发展的浪潮，逐步构建"一群两区三圈"的民族传统体育发展格局，促进各区域内外协同、双向联动、相互促进、相互支撑，形成山西省各区域民族传统体育协调发展的有机整体。如以太原为核心，在太原国际马拉松、国际公路自行车赛等品牌赛事基础上，打造以太原龙舟赛、传统武术为品牌的特色赛事，联合晋中柔力球大赛、忻州挠羊赛等民俗体育文化品牌，加强晋北大同的传统武术、晋南运城飞狮、临汾的休闲体育打瓦游戏等品牌建设，逐步构建山西全域"一群两区三圈"集聚的民族传统体育高质量发展新格局。二是打造山西民族传统体育产业的三大业态，包括以"市区"为核心的体育商业综合体、以"近郊区"为核心的体育产业园和以"远郊区"为核心的运动休闲特色小镇落地新模式。政府选择具有投资、运营管理能力的社会资本参与民族传统体育产业综合体建设，充分调动企业的

积极性，发挥市场的主体作用。利用各市体育产业发展的资源存量，将民族传统体育的技艺展演、参与体验、文化旅游、科学研究以及转型转化有机融合，打造一批产学研、文旅、康养一体化的示范基地，依托现有的省级体育特色小镇，集聚特色鲜明的传统体育项目，推动以“传统体育”项目为主的体育特色小镇落地。

三、深入探索多元融合的发展模式

深入挖掘山西各域民族传统体育与文旅、康养、教育、科创的融合发展模式，探索产业融合发展的多元化渠道，积极打造民族传统体育新业态。从山西民族传统体育项目的价值功能、区域分布等特性来看，其具有较大的产业化发展潜力和优势。但目前山西民族传统体育具有产业化程度低、产业链断层、相关配套产业零碎、集聚效应不高等问题，势单力薄而无法独自前行，需要借助其他产业优势，建立“体育+”的多元融合的发展模式。

一是树立以“人民为中心”的体育观、健康观，创新主体的核心优势。促进民族传统体育文化再生产、优化内容结构和生产供给，引导人民对健康消费的理念，加大我国传统体育对健身、文化和养生的宣传力度。树立山西地域传统体育健身文化新理念。如联合山西体育职业学院及高校体育学院，推动山西全民健身志愿服务项目库建设，加强全民健身的科学化指导，为民族传统体育优质资源供给提供科学化指导和人才保障。加大体育健身设施建设力度，支持民族传统体育传承基地、健身中心、产业基地、公园、旅游景区等进行综合性开发，鼓励和支持社会企业参与体育资源的开发、投资和建设，并保障其获利的权益。支持对传统体育传承基地、山西省体育博物馆、各区域全民健身中心及老旧场馆进行升级改造，推进传承方式的科学化、智能化，以更好地为全民健身服务。加强与山西云时代平台的对接联通，促进市场资源的信息化、共享化，打造“智慧体育场馆”，提高群众参与性和互动性。

二是突出“体育+”特色，形成产业链和服务圈。推进民族传统体育与健康产业融合发展。积极贯彻山西省人民政府颁布的《关于促进全民健身和体育消费推动体育产业高质量发展的实施意见》，助力筹备建立山西体育医院，形成健身知识普及、科学化健身、运动营养、伤病防护与治疗等健康服务一体化的新产业模式，推动传统体育养生项目的深度融入与开发，促进传统体育养生项目与卫生医疗行业、老年康养产业的深度融合。推进传统体育与文旅业的融合发展，依托旅游文化资源的平台优势，搭建体育非遗项目示范基地，深度挖掘传统体育文化的内涵；加强跨区域赛事联合，与河南、陕西共同举办“黄河金三角民族运动会”，构建集旅游、运动、赛事、康养、休闲、娱乐、文化体验等于一体的体育旅游工程。推动民族传统体育与教育产业融合发展，积极贯彻“体教融合”政策，推动社会资本与学校教育的良性互动，支持传统体育非遗传承人才建立培训机构、俱乐部等，为其进入学校开展教学、非遗普及人才培养提供政策保障；积极推进传统武术进校园，建设常态化的校园传承机制和竞赛机制，完善体育考试招生政策和体育考核评价办法，形成社会资本和学校体育协同发展的格局。新时代背景下，山西民族传统体育产业化发展应积极探索融合发展的多元化渠道，创新产业转型与发展模式，构建民族传统体育与健康产业、文化旅游、教育产业等相融合的产业链，逐步形成跨区域协同的产业圈，切实赋能山西民族传统体育产业的振兴，推动山西民族传统体育产业的高质量发展。

第六节

加强民族传统体育社会组织建设

目前，我国的体育治理的主体是政府、市场、体育社会组织。政府是主导性的权力机关，在体育治理中起到统筹、管理、监督及评价的作用；市场主要起调节作用；而体育社会组织具有民间性、非营利性、自治性等特征，是中国式现代化进程中建设体育强国的重要主体。近年来山西省传统体育组织数量、种类不断增加，特别是民间自发形成的传统体育组织迅速崛起，为建设“体育山西”，构建体育社会组织网络作出了积极贡献。如2017年中国第五届传统杨氏太极拳国际邀请赛、2022年山西定襄首届“丰收杯”挠羊赛等，均是由民族传统体育协会组织主办或承办，这说明民族传统体育组织在推进社会体育治理与发展中的作用日渐变大。但整体看来，山西省内民族传统体育社会组织数量不多、质量不高，且发展不平衡、不充分，主要体现在以下几个方面：一是对政府的依赖性较强，缺少雄厚资本支撑而难以长盛，处于自生自灭状态；二是发展不稳定、不平衡、不充分，主动性难以发挥和释放；三是缺乏专门性人才，协同政府为民众服务供给不足，专业性不强、服务效率不高；四是存在重逐利轻服务的现象，社会认可度不高、公信力不强。

在新时代背景下贯彻全民健身计划、加快推进体育强国建设，民族传统体育社会组织具有重要的基础性地位和作用，也面临着新机遇。2021年8月3日国务院印发的《全民健身计划（2021—2025年）》指出，激发体育社会组织活力，完善全民健身组织网络。2022年12月，《山西省构建更高水平的全民健身公共服务体系行动方案》提出健全全民健身组织网络行动，在全省构建以各级体育总会为枢纽，各级各类单项、行业和人群体育协会为支撑，基层体育组织为主体的全民健身组织网络。指导县（市、区）推行“3+X”体育社会组织模式，鼓励体育总会向乡镇（街道）延伸，大力扶持民间草根和体育带头人等体育健身组织发展。这些政策都为传统体育社会组织的发展提供了重要机遇。

一、多元共治，建立互助良好的政校社关系

《关于深化体教融合 促进青少年健康发展的意见》出台以来，多主体共同参与、全方位融合发展的方式，已成为新时代体育发展不可逆转的趋势。新时代正确把握民族传统体育社会组织新的历史方位，各部门要在思想、目标、机制及服务等方面进行整合，激发民族传统体育社会组织的活力。一方面，山西政府要完善与民族传统体育社会组织间的合作治理机制，打破政府主导的局面，将防范控制向信任、培育和推动的思想转换，形成思想共识。推进机制融合，简化新组织登记注册程序，打破制度壁垒，以制度化的供给方式培育和扶持体育社会组织成为体育治理的一员。政府与民族传统体育社会组织同构互嵌，交互赋能，探寻两者的契合点、平衡点，明晰两者的职能关系，保持民族传统体育社会组织的自主性、自治性，主动弥补政府的职能缺陷，发挥民族传统体育社会组织在全民健身、乡村振兴、学校体育、体育休闲与康复等方面的助推作用，提升合作治理效率。另一方面，以政府为治理主体，推动学校体育与传统体育组织的融合，健全准入机制、监督评价机制，推动学校体育与社会体育的有效衔接。建立与学校的联动机制，搭建合作平台，建立民族传统体育社会组织的人才培养基地。可采用政府购买的方式，保证传统体育资源的有效供给，正确处理好公益性与私益性之间的平衡。总之，只有推动政府、学校、社会组织等多元主体融合共治，才能发挥民族传统体育的有效价值，提升和强化民族传统体育社会组织在体育强国建设中的地位和作用。

二、提升民族传统体育社会组织的自治能力，激发组织发展的内生动力

民族传统体育社会组织承担着宣扬地域传统文化内涵、推广健身理念工作。在西方体育文化不断侵袭、民族传统体育日渐式微之时，唯有激发内生动力，促进民族传统体育社会组织的内涵式发展，才能使民族传统体育外化于行、内化于心，形成文化认同。因此，一方面，加强民族传统体育社会组织的精英治理，构建以“血缘、地缘、业缘、趣缘”为联结的精英治理群体。精英群体是民族传统体育社会组织的核心力量，是推进民族传统体育传承、促进组织

内部凝聚、实现与其他主体有效互动、推动社会发展的重要力量。应加强对民族传统体育社会组织的精英群体的引导和培育，使其创新项目技术体系，深入挖掘项目内涵和价值，凝聚社会资本，畅通传承与发展路径。另一方面，加强民族传统体育组织生态空间的营造。一是要深入学习和贯彻党的二十大精神，统一思想，提高站位，聚焦体育类社会组织党建高质量全方位发展；二是优化资源配置，完善组织制度建设。搭建固定的平台站点结构，畅通群众学习的渠道。塑造组织文化表现符号，打造文化品牌。如山西省武术协会在形意拳推广过程中，积极推进形意拳“六进”工作，并构建集形意拳培训、交流、展演、体验、文旅等功能于一体的旅游景区，全力打造面向国内外的形意拳文化圣地与交流窗口，为区域群众建立非遗文化交流互动的平台。

三、构建民族传统体育社会组织网络

民族传统体育社会组织网络的构建是发展民族传统体育的重要内容，广泛开展全民健身运动，应充分发挥体育社会组织在构建全民健身体系中的重要作用，提高全民健身活动的组织程度与治理能力，以省内各区域的传统体育项目为基点，以各地方特色传统体育协会为枢纽，以社区为实施主体，举办社区群众喜闻乐见的传统体育赛事，动员更多群众参与到传统体育运动中。以人民健康和需求为出发点，鼓励和支持社会组织向乡镇村基层延伸，促进乡镇、社区的传统体育组织和俱乐部等组织的体育服务的有效供给，带动各级各类群体参与和开展全民健身运动，不断满足人民群众对美好生活的需要。以组织改革为动力，创新发展社会体育组织新模式和建强“3+X”模式，即“体育总会、社会体育指导员协会、老年人体育协会+单项体育协会或体育俱乐部”模式，构建全地区覆盖、全民参与、全民共享的全民健身组织网络。大力发展和培育基层体育社会组织，优化资源配置，通过市场机制优化组织资源配置，并提供政策、资金、人才支持，为传统体育组织发展增权赋能。

第七节

推动山西民族传统体育特色小镇的建设

特色小镇是以区域性空间再造和要素聚集耦合为主要特征的城市化模式。体育特色小镇是特色小镇的下位概念，是“新型城镇化”的新表现形式，是推动地方体育文化创新性发展与创造性转化的重要举措。2016 年 7 月 20 日，住房城乡建设部、国家发展改革委与财政部发布的《关于开展特色小镇培育工作的通知》提出，通过培育特色鲜明、产业发展、绿色生态、美丽宜居的特色小镇，探索小镇建设健康发展之路，促进经济转型升级，推动新型城镇化和新农村建设。随后山西省政府意识到体育特色小镇对助推城镇化建设的重要意义，各地开始因地制宜地规划和建设体育特色小镇。在 2017 年 8 月国家体育总局办公厅发布的《关于公布第一批运动休闲特色小镇试点项目名单的通知》中，山西省共获批 3 个国家级体育特色小镇培育项目，包括云竹镇运动休闲特色小镇(晋中市榆社县)、御河运动休闲特色小镇(大同市南郊区)、陌南圣天湖运动休闲特色小镇(运城市芮城县)。这也标志着山西省体育特色小镇发展的开端，体育特色小镇成为体育发展、城镇建设及乡村振兴的重要平台。2019 年 2 月《山西省运动休闲特色小镇认定办法(试行)》印发，经各地市遴选上报、专家组实地评估和省体育局审定，10 个省级体育特色小镇于 2020 年 7 月获批。从山西省公布的国家级和省级体育特色小镇的项目文化特色来看，资源禀赋截然不同，各地产业特色具有显著的差异，其中小镇特色主要集中在户外运动、赛车、极限运动、健身休闲等方面，其凭借独特的资源禀赋与坚实的产业基础，形成了体育产业转型和升级的“山西模式”。体育特色小镇建设有助于民族传统体育文化的保护、彰显、传承与弘扬，是破除民族传统体育文化认同危机和现实困境，重现民族传统体育文化巅峰的重要课题。但无论是从已获批的国家级体育特色小镇还是山西省体育小镇培育政策来看，均未重视以民族传统体育项目为依托进行特色小镇的培育，在现实中也存在盲目建镇、模式未成熟、同质化严重、急于求成的现象，致使小镇文化凋敝、产业缺位。因此，山西体育特色小镇应与地域传统文化相契合，与地方经济建设、社会发展相呼应；山西体育特色小镇的培育必须回归传统文脉的传承，重视文化认同与文化自觉的塑造，遵循山西产业发展演变规律，增强与其他产业链间的联动效应。

一、构建多元主体联合管理体系

体育特色小镇具有多元性、开放性，涉及经济、政治、文化、社会、生态文明等全方位、多层次的资源，必须构建政府、社会、民众多主体联动的管理保护机制，整合资本，形成合力，以实现共建、共治、共享的新格局。山西省政府应构建职权明晰的小镇治理体系，提升管理部门的治理效能，优化小镇建设的顶层设计、执行管理规则、监督反馈机制、警示退出机制等政策措施。山西各级地方政府应积极贯彻和落实《山西省运动休闲特色小镇认定办法(试行)》等相关政策，强化主体责任，按照"健康山西""体育山西"政策要求，制定本区域体育特色小镇管理细则，推进本土化传统体育改革，依托本地区自然环境资源，打造具有独特体育文化内涵、良好体育产业基础，集运动项目、休闲旅游、文化娱乐、康养、教育培训等多种功能于一体的空间区域，展示民族传统体育文化魅力，大力推进运动休闲特色小镇建设，提升公共体育服务水平和产业建设水平。体育社会组织作为政府职能转移的重要承接者，应大力发挥自身在政府与民众、政府与企业、组织与民众间的桥梁作用，相互助力，形成各主体间高效联动、协同治理与发展的组织体系。小镇社区积极实施"健康山西"和"体育山西"两大战略，牢固树立和践行转型发展新理念，促进民族传统体育与文化、旅游、康养的融合发展，推动居民消费，提升社区功能，优化治理结构，完善群众与游客的服务功能，协调全社区力量来提升小镇建设水平，为区域经济全面发展贡献智慧和力量。小镇居民要积极参与并投身到民族传统体育小镇文化的建设和服务中来，培养良好的责任感，培育主人公意识。

二、人才资源是体育小镇高质量发展的主力军

体育特色小镇发展的核心力量就是人才，再加上面临着民族传统体育生存

空间、文化空间不断被挤压，以及民族传统体育传承人才高龄化、濒危性、断层化等后继乏力的困境，要重塑以民族传统体育为核心的体育特色小镇，实现高水平的资源供给，完善公共体育服务体系，人才供给是必不可少的。因此，要坚持“引人才”与“育人才”的交互赋能。一方面，打造传统体育项目培育专业团队，加强传统体育小镇的文化风貌、产业塑造、文化底蕴等方面的生态再造，实现传统体育的品牌建设与当地文化、经济建设、文化旅游的融合再生。另一方面，联合山西省政府、专家团队以及地方高校等建立“定向委培+人才反哺”人才培养体系。打通民族传统体育传承人才的升学晋升通道，并给予物质、制度、精神等方面的激励与保障。根据地域特色实现民族传统体育本土人才的再培养，加速与地方高校建立联合培养机制，搭建校社联通的课程基地、实践基地、人才培养及就业保障平台，实现“定向委培”与“归晋反哺”交互赋能。因而，民族传统体育特色小镇的建设要成为助力乡村振兴的价值洼地，必须实现经济硬实力与文化软实力互嵌共生，创新人才培养体系，提高人才自主培养质量，探索具有山西地域特色的民族传统体育人才自主培养的高质量发展路径，这也是体育小镇建设的关键环节。

三、立足山西各地域文化特色，塑造体育小镇的文化生态

文化生态环境变迁的多元范式转向使得民间的、大众的文化实践失去了赖以生存的文化语境，大多民族传统体育文化从文化空间中剥离出来，异化为现代化语境下的“遗产化”事物。近年来，“国家—民间”重视互动使民族传统体育重新获得了存续的生命力，但由于其社会组织形态和结构秩序的失衡，很多民族文化依然缺失生存的基础，仍以“遗产化”而被束之高阁，难以向外展现，民众的认同度依然缺失。体育特色小镇的建设为民族传统体育文化的保护、传承与发展塑造了依托载体，创新了存续路径。

一是体育特色小镇建设要因地制宜，凸显文化优势。山西传统武术非遗项目优势突出，且有文水、太谷等“武术之乡”，应借传统优势，促进传统与现代结合。一方面，推动“武术之乡”向体育特色小镇转型。以“武术之乡”为依托，发挥历史传统和平台的优势，依据体育特色小镇的培育标准，突出当地文化特点，融合地区经济产业，整合和优化社会资源，加强体育特色小镇品牌建设，构建新型的“武术之乡”特色小镇。如山西省太谷县享有全国“武术之乡”的称

号，民间素称“形意拳之乡”，应以形意拳为文化名片，聚焦形意拳的文化内涵、价值、功能等，凸显传统武术优势，使形意拳作为“文化源”赋予小镇新文化名片，使之成为独一无二、无法复刻的形意拳文化小镇。另一方面，确保体育特色小镇民族传统体育文化的多样化。以体育非遗项目为依托，推动非遗文化与地方文化相融合，开发体育非遗项目，挖掘非遗项目的人文资源、自然资源，打造具有区域特色的文化集聚区和突出的体育标识，将小镇特色多样的民族传统体育文化与小镇产业化建设紧密结合起来。

二是塑造民族传统体育特色小镇的文化生态圈，提升文化软实力。一方面，立足民族传统体育的器物层面建设，构建体育特色小镇的表层文化，通过视觉感触民族传统体育文化。通过展示物质文化，强化民族传统体育文化记忆，浸染人民文化情感；完善和优化体育名人堂、地标性建筑、体育博物馆、博览会及体育用品等；拓宽民族传统体育文化消费市场，加强与体育制造业的融合与发展，刺激群众进行文化消费。如重忆形意拳文化技艺，展示形意拳历史名人堂，利用新媒体技术再现英雄故事及尚武文化，打造形意拳文化公园、博物馆等，让民众切身感受民族传统体育文化之精深，潜移默化地唤醒文化认同。另一方面，健全休闲娱乐、健身养生等设施来使民众体验民族传统体育的制度文化。以民族传统体育赛事为依托，尽量让民众体验民族传统体育礼仪、规则制度、仪式、体育精神等文化的魅力。如晋北射箭文化，民众以“一弓一箭”来提升对射箭的技艺、规则、礼仪的体验感。民众通过视觉文化的感触、民族文化的体验来感受传统文化的魅力，以此形成对民族传统体育文化的认同感和归属感，传承文化于无形之中。

四、多元融合共生，打造民族传统体育特色小镇的质量高地

体育特色小镇是促进城乡互动融合的重要载体，也是乡村振兴的现实需要。《关于规范推进特色小镇和特色小城镇建设的若干意见》明确指出，特色小镇是在几平方公里土地上集聚特色产业、生产生活生态空间等相融合、不同于行政建制镇和产业园区的创新创业平台。山西省关于体育特色小镇认定管理办法也明确指出，促进山西省特色小镇规范、健康、有序发展，进一步增强公共体育服务，带动体育产业和区域经济全面发展。因此，打造山西民族传统体育特色小镇，应挖掘山西各地域体育特色文化，促进其与其他相关要素融合共

生。一是促进民族传统体育文化与产业融合，依托本地区自然环境资源，培育打造一批集运动竞技、游戏竞赛、休闲娱乐、文化旅游、康养医疗、教育培训等于一体、多功能的特色小镇，凸显山西传统体育文化内涵与特色，为全民健身平台的建设和体育旅游产业发展基地的建设奠定坚实基础。如通背缠拳、形意拳、武术社火等体育非遗项目，可与晋商文化融合，依托平遥古城打造传统武术特色小镇，展现晋商文化的精髓，实现“体育+康养、文旅、教育、休闲”的有效对接。二是有效推动生活、生产、生态“三生”融合。体育特色小镇不是传统意义的城市化“小镇”，也不是以工业化发展为主的产业园区，而是以“人”为中心，强调“人的城镇化”，连接乡村和城市的载体，应根据乡村居民需求，科学规划体育特色小镇的生活、生产、生态空间，提升民众对传统体育小镇的认同度。可利用民族传统体育文化资源打造特色突出的人文标识，将乡镇特色体育与民众生活、健身联系起来，构建起体育特色小镇的体育“生活圈”。推动民族传统体育产业与小镇主导性经济产业的同构互嵌，实现产业集聚与融合，以主导性经济产业协同体育产业共建繁荣“商业圈”。如以太原杨氏太极拳、傅山拳法、南少林五行拳等为主体，推动民族传统体育小镇与太原融合，提高传统武术人口集聚效应，促进体育产业与太原功能融合、空间整合，增强生活服务功能；利用武术文化节等节庆活动进行活态展演，将小镇特色融入生活、生产、生态空间，形成“生活性保护与生产性保护”互相支撑的发展态势。

第八节

山西民族传统体育文化的交往交流交融

习近平总书记在党的十九大报告中提出："文化是一个国家、一个民族的灵魂。文化兴则国运兴，文化强则民族强。没有高度的文化自信，没有文化的繁荣兴盛，就没有中华民族伟大复兴。"在这一文化建设战略目标的引领下，要增强文化自觉、坚定文化自信、加强文化交流与融合，才能扎实推进中华民族传统文化的现代化发展。2021 年 8 月，在中央民族工作会议上，习近平总书记提出"必须促进各民族广泛交往交流交融"。促进民族交往交流交融是当前民族工作的重点，而各民族间的交往交流交融深度彰显着新时代民族关系的融洽程度。各民族间既有"各美其美"的差异性，也有"美美与共"的包容性，而这两种特性最直接的体现便是各民族的文化。从这一角度来看，各民族间交往交流交融的核心是文化间的交往交流交融。只有各民族间的文化进行平等的、广泛的深度交流，在尊重差异的基础上取长补短、科学融合，才能将民族间的情感进行联结，为增进中华文化认同、铸牢中华民族共同体意识打下坚实的基础。

我国民族传统体育文化是我国民族文化的重要组成部分，是传统文化表达的重要载体。山西作为古史中唐尧、虞舜、夏禹时期的政治经济文化中心，拥有悠久的人文历史和得天独厚的地理优势，在中华文明发展的进程中，孕育出了根深源长、博大精深的山西文化。而植根于这广博深厚的文化沃土中的山西民族体育文化以其特有的地域优势、民族分布特点、生计方式，在历代的更迭中通过自我复制与传承得以保存。然而，随着历史的变迁以及社会的不断发展，山西民族传统体育文化逐渐僵化、萎缩甚至没落，而且与现代休闲体育文化及竞技体育文化间的拮抗力愈加明显，因而肩负山西文化使命的山西各民族传统体育文化间的交往交流交融尤为重要。

民族传统体育文化间的交往交流交融是一个从体育项目到民族精神，从了解、接触、借用到审慎吸收与内化的由浅至深的过程。山西在历史长河中积淀的厚重的文化底蕴影响着民族传统体育文化的变迁，为民族传统体育文化间的交往交流交融积累了一定的历史经验与基础。例如，山西西北部由于土地贫瘠，形成了特有的农耕与游牧相结合的生产方式，因而以农耕为主的汉族体育文化逐渐与回族、蒙古族、满族、壮族等少数民族体育文化交往、交流乃至交融，逐步形成了独具晋北特色的民族传统体育文化。乔润令先生在《山西民俗与山西人》一书中曾提及，在晋北忻州一带盛行的摔跤项目——挠羊赛并非汉族传统文化。据传摔跤起源于南宋时期由金朝统治的北方地区且盛行于元代，并将肥羊作为比赛奖品，此举显然带有浓厚的游牧民族韵味。由此可见，在悠悠的历史长河中，山西各民族之间的交往交流交融有助于山西民族传统体育的发展，对铸牢中华民族共同体意识起到了积极的作用。尽管如此，在市场经济体制下城镇化发展势如破竹，各民族人民跨地域生活、工作成为目前最为典型的社会现象。因此，为新时代的山西民族传统体育文化找到多渠道交往、全方位交流、深层次融合的现实路径迫在眉睫。

一、多渠道的山西民族传统体育文化交往路径

交往是伴随于人类社会发展的社会现象，是人们传送、接收信息的过程，在这一过程中同时也在形成着信息。山西尤其是晋北地理位置特殊，多民族散杂而居的居住特点决定了多民族传统体育文化汇集于此。多元、异质的文化成为彼此间了解、沟通的壁垒，甚至会导致彼此间文化误读及冲突。因此，积极探寻多渠道的民族传统体育文化交往路径，有助于利用不同文化的优势，协调多元文化间的关系，促进各个民族体育文化之间的交流，强化民族传统体育的文化认同，进而实现民族传统体育文化的融合。

（一）差序格局衍生的交往机制

山西境内多民族混杂而居，多元体育文化共存共生，而这与现代社会的快速发展之间形成的张力，为山西民族传统体育文化间的交往带来了一定的挑战。这就需要找到因地制宜的交往机制，以保证山西民族传统体育文化间的交往不断适应新时代社会的发展。

交往是复杂而多面的过程，是由于共同活动的需要而在人们之间建立和发

展相互接触的行为。费孝通先生的“差序格局”理论，正可为山西民族传统体育文化的交往提供理论指导。费孝通在《乡土中国》中提到“每个人都是他社会影响所推出去的圈子的中心，被圈子的波纹所推及的就发生联系”。这种联系形成了多个以己为中心的社会关系网络，像将石子丢进水中形成的波纹一圈圈推出，越推越远、越远越轻。另外，每个人所处的圈子随时间和地点的不同可能会有所差异。

简而言之，在差序格局中社会关系是个人关系的增加，在不同时间、地点叠加的体现。比如，山西形意拳在收徒时，最初是由中间人牵线搭桥，在经历“徒访师、徒择师、师择徒、拜师典”仪式流程后，最后建立一种“类血缘”的师徒关系。这种形式的关系建立是一种以“世系”为纽带建立的维系民间习武共同体内部的“社会继替”和“文化传续”的文化交往机制。这种交往机制为传统武术技艺的生存及武术活态传承提供了社会生态土壤，扩大了民族传统体育共同体的交往维度。因此，应将差序格局衍生的交往机制作为传承民族传统体育文化的核心，不断以“己”为中心向更大的文化空间扩展。

（二）乡土地域联结的交往空间

中国社会是典型的乡土社会，地缘始终是人们解不开的乡愁，也是不同民族间地域认同、族群认同和文化认同的民俗文化符号。由于风俗习惯等文化差异，各族人民的交往交流会受到地缘关系的束缚。

然而，随着社会的快速发展，我国的城镇化进程也在不断深入，各民族人民在不同地域的相互联结中逐渐摆脱乡土地域的束缚，跨越不同地域生活、工作、学习。因此，各地人口流动的速度加快、广度加大，更大程度地推动了各民族间不同文化的交往和交流，各个民族之间交往的空间相比以前也更加广阔。交往空间的扩张也使空间基础的边界发生了变化。所谓的空间基础是指个体社会交往和家庭社会互动的主要场所，通过邻里互动对个人和群体的生活方式产生影响，在社会空间中占据核心地位。

因此，由乡土地域间的联结而更新、扩大的交往空间，为各民族间的文化交往交流交融提供了崭新的场域。如忻州被誉为我国的“摔跤之乡”，自1983年起开始组织挠羊赛，形成了以乡村组织为中心的赛事体系，一年共有四五十次庙会，在这些庙会上大多要进行挠羊赛。随着乡土地域联结的交往空间的扩大，挠羊赛成为山西独具特色的民族传统体育品牌，参与者们也潜移默化地融入文化场景中交往交流。这种以乡土地域联结地方特色资源协同发展的形式，为加快地方体育事业的发展、促进传统体育文化的弘扬，提供了更宽广的文化空间。

（三）灵活择业催生的交往机遇

在传统部落，地缘关系与业缘关系是交叉融合在一起的，随着户籍制度、单位制等制度的强化，人们被分划在不同的生产单位内，由此工作就业与乡土地域分离。后来，随着在社会的现代化发展背景下乡土地域的多维联结，以及信息时代社会分工程度的提高和细化，在工作就业方面逐渐从传统就业模式中衍生出多样化的灵活就业模式。在这一模式下，企业和员工之间的关系不再是单一的劳动合同中的雇佣关系，而是变成了签订合作协议或者外包合同的合作关系。现代化的灵活就业模式不仅拓宽了就业渠道，还能降低就业成本，双方之间的关系也变得更加自由。

因此，多样化的灵活就业模式催生了线上互动、线下协作等多种交往形式，这便为各民族间的文化交流提供了多变的交往机遇。如，山西华舰体育集团把握“学思想、强党性、重实践、建新功”的总要求，聚焦人民群众对公共体育服务的需求与体育服务供给不平衡的问题，充分发挥传统体育多功能作用，开展“请进来送下去”助力乡村振兴活动，在摔跤之乡代县举办挠羊赛以把优质赛事与服务送下去，在行动上凝聚民心、汇聚群众力量，以挠羊赛赛事为依托，为民众提供交往的机遇，加快了地方传统体育事业的发展，满足了人民对本地域传统体育文化交往交流交融的需求。

（四）志趣追求输送的交往能量

近年来社会得到了快速的发展，社会的物质财富在不断增多，人们的物质生活需求得到了满足，开始越来越多地追求精神享受。在闲暇生活中，拥有共同志趣追求的人们为了同一爱好而聚集在一起活动、交流。因志趣追求而组织起来的社会活动由志同道合的人组织而成，成员之间联系密切，这种交往对于保持身心健康、维系友情、愉快度过闲暇时光、科学安排生活作息等具有重要意义。

不同地域环境、不同文化背景、不同工作特点的各族人民在相同的兴趣、爱好的驱动下，形成相同的志趣追求，因此集结在一起并组成团队，共同开展活动。

由于志趣追求所满足的是人们的精神需求，较为稳定，不存在功利性，因此能够为民族间的文化交流源源不断地输送最稳定的交往能量。比如，在2023年6月6日由山西省文化和旅游厅主办的山西省传统武术类非遗青年传承人调演暨二十四节气芒种养生展演中，全省传统武术类和传统医药类中医养生项目互动展示，欢聚一堂，表演过程惊心动魄，气氛热烈高涨，使观看者感受到了传统文化的魅力和力量。他们因志趣了解、热爱传统武术非遗，也因志趣交往赋予了传统武术新的时代内涵和青春能量。

二、全方位的山西民族传统体育文化交流路径

文化交流指的是发生于两个或者多个具有显著文化差异的关系之间的交流。文化交流可以有效促进不同文化间相互了解，减少因误解而产生的偏见，进而能够使不同文化在相互尊重中和谐共生。习近平总书记曾提出，“深化人文交流互鉴是消除隔阂和误解、促进民心相知相通的重要途径”。在山西民族传统体育文化的交流过程中，应以文化差异为驱动，从多元一体、资源共享、增信释疑等方面进行民族传统体育文化间全方位的交流互鉴，在相互交流中取长补短，进而实现对本民族传统体育文化的创新性传承。

（一）尊重差异，多元一体

山西民族传统体育文化是一个以山西民族传统文化为基础的在地理环境因素的影响下融合了各民族体育文化而形成的体育文化体系。它是一定历史条件和特定地理环境的产物，在发展过程中受到我国传统文化多方面的影响。“以和为贵”的思想传统、“海纳百川，有容乃大”的文化理念，指引着我国的文化多样性的发展方向。因此，山西民族传统体育文化必然沿着这一方向实现多元化交流。

一方面，民族间文化交流的首要条件是尊重民族间的文化差异。文化差异是文化交流的原动力，只有山西各民族间相互包容、相互尊重，才能保证山西民族传统体育文化的多元化发展，才能为山西民族传统体育文化的全面交流、深度融合夯实基础。另外，山西民族传统体育文化在交流中，要打破异质因素产生的文化壁垒，加强彼此间的联系，在尊重彼此个性的同时，互学互鉴、取

长补短。

另一方面，民族间文化交流的必要条件是保护民族间“一体化”的文化基础。近年来山西民族传统体育文化得到了全面的交流，我们既要尊重各民族体育文化的多元化发展，又要归纳各民族体育文化间的共性，从而构建“一体化”的文化基础，比如共同的自然环境、共有的历史记忆等。共同生活在山西境内的各族人民处于共同的自然环境之中，他们在适应自然环境的过程中，通过持续的互动交流，生活方式和生活习惯不断地趋于同一性。另外，在长期的历史发展脉络中，地域文化逐渐形成，在同一地域中发生的各种事件成为山西境内各民族之间共同的历史记忆。

此二者为山西不同民族的传统体育文化的交流与融合提供了原生动力，更新了山西各民族间的价值认同体系，进而提高了山西各民族的传统体育文化的自觉性以及相互间的认同度，继而为铸牢中华民族共同体意识贡献了力量。

（二）搭建平台，资源共享

晋北地区尤其是较偏远的县区，由于受地理环境和人文环境的影响，很多文化资讯获取不便、资源利用困难，这严重影响了民族传统体育文化的交流广度和深度。因此，应疏通山西各地区民族传统体育文化的交流渠道，搭建资源共享平台，进而在交流、共享中实现民族传统体育文化互助。

一方面，要在“互联网+”背景下，利用新媒体搭建资源共享平台。比如，借助微信视频号、公众号以及抖音、快手等社交平台上传、发布民族传统体育文化资源、理念、方法等，借此来打破地域壁垒，疏通山西各民族传统体育文化交流渠道，为山西民族传统体育文化的交流提供更广阔的空间。另外，在互联网参与下的资源共享可以为山西传统体育文化的交流突破时间和空间的限制，进而在无限的互动中实现山西民族传统体育文化互助。另一方面，要在共建、共治、共享的社会主义现代化背景下，搭建多民族群众参与共享、互助的平台。可以由政府牵头开展“跨民族体育节”等活动，来激发各民族群众参与互动互助的热情与意愿。通过搭建线上线下双轨平台，各民族传统体育文化在相互交流中实现资源共享、文化观念更新，在文化互助中提高文化认同度。

(三)增信释疑，合作共生

山西境内尤其是晋北地区，多民族杂居于此，而由于各民族人民信仰不同，在民族传统体育文化方面也会存在较大差异。而往往由于对彼此间信仰的不了解，在文化交流中会出现信任缺乏的现象，这将会严重影响民族传统体育文化交流的深入。由于信仰不同，对于彼此间不同的生活习惯等便产生了误读。而文化误读的存在，导致出现信任缺乏的现象，继而导致各民族间虽能和谐相处，但仍未坦诚以待。因此，各民族间要加强沟通，切勿随意解读彼此文化间的差异。只有真正了解各族文化特色，才能正确解读各民族文化，才能发自内心地认同各民族传统文化差异，进而增强民族互信。

由此可见，民族间互信是相互建立联系的纽带，更是彼此传统文化交流的基础，只有增强彼此间的信任度、消除内心疑虑、打破民族隔阂，才能够凝聚各民族力量，在合作共生中全方位地开展民族传统文化的交流。

三、深层次的山西民族传统体育文化融合路径

近年来，山西民族传统体育得到了快速的发展，我们快速地推动了山西各民族传统体育文化的交流和交往，但我们的终极目标是实现民族传统体育文化的大交融。文化融合指各民族文化在相互交往、交流时，以其传统文化为基础，根据需要审慎地采借、吸收、消化他族文化，来促进本民族文化不断发展的过程。

(一)以全民健身为抓手，由点及面助推山西民族传统体育文化融合

自 1995 年 6 月 20 日国务院发布《全民健身计划纲要》起，全民健身工作一直稳步推进。2019 年 6 月《健康中国行动(2019—2030 年)》的印发，将全民健身提升到了一个新的发展高度，相应地，体育的健身功能和健康价值更加凸显。应发挥山西民族传统体育在健身方面的优势，推动山西民族传统体育融入全民健身，进而在全民关注、全民参与中促进山西各民族传统体育文化融合。比如，形意拳动作简洁朴实、节奏鲜明，要求“心与意合，意与气合，气与力合，肩与胯合，肘与膝合，手与足合”，通过习练形意拳可以提高身体协调性、柔韧性，增强骨代谢、提高骨密度，而且对人体肺部健康也大有益处。此外，通背

缠拳等民族传统体育项目也具有较高的健身功能和健康价值。因此，可以在各全民健身点推广形意拳、通背缠拳等民族传统体育项目，各族人民在参与全民健身的过程中，由己及人，通过一传十、十传百、百传众的相互交流、学习，由点及面地助推山西民族传统体育文化融合。

（二）以体教融合为契机，由浅及深助力山西民族传统体育文化融合

20世纪80年代，体育界曾提出了“体教结合”，主要是为了解决竞技人才培养过程中的一些困难，体教结合也成为培养我国体育后备人才的重要手段。为了全面贯彻落实习近平总书记关于全国教育大会精神和体育强国建设的重要指示，2020年中央全面深化改革委员会第十三次会议审议通过了《关于深化体教融合 促进青少年健康发展的意见》。新时期的“体教融合”目标指向的是青少年文化学习和体育锻炼的协调发展，不断深化中国特色“体教融合”的发展，从而培养青少年坚强的意志及健全的人格，进而促进青少年身心健康发展。

借此契机，推进山西民族传统体育走进校园，使之渗透在当地学校教育之中，让学生在文化学习中锻炼身体、磨炼意志，在身体活动中学习民族传统体育技艺、传承民族传统体育文化。如山西省阳城县卫生健康和体育局联合单项体育协会开展2023年度“传统武术进校园”志愿服务活动，将阳城古拳、围棋、太极拳等传统体育项目带进学校，使学生感受到了中华优秀传统体育文化的魅力，促进了文化与教育的融合发展。

（三）以赛事整合为依托，由表及里助力山西民族传统体育文化融合

竞赛是体育活动的最高层次，在体育竞赛中人与人的交往更加复杂、人与人之间的交流更加频繁。体育赛事的组织、举办有利于体育文化的交往、交流以及交融。2021年10月，国家体育总局印发的《“十四五”体育发展规划》提到，“支持有条件的乡村因地制宜举办群众喜闻乐见、丰富多彩的体育赛事活动，鼓励跨区域联合举办”。山西民族传统体育文化可以体育赛事为依托，对山西民族传统体育资源进行整合，为山西民族传统体育文化量身打造丰富多彩的体育赛事。比如，组织以风火流星为代表的表演性较强的展演类赛事，以挠羊赛为代表的竞技性较强的竞技类赛事，甚至可以效仿世界太极拳冠军龙骄尔的水下太极，组织较具创意的民族传统体育赛事。

以赛事整合为依托，不仅能深入挖掘山西民族传统体育深厚的文化底蕴，

还能够促进各民族之间传统体育文化的深度交流。在全面的交往、交流中，从器物文化的采借到精神文化的渗透再到制度文化的共享，递阶而上、由表及里地推进山西民族传统体育文化融合。

综上而言，山西民族传统体育文化在族际互动的交往交流过程中，在多元文化的碰撞与交响中，最终实现文化结构调整甚至重组的民族传统体育文化大融合。在这一过程中，各民族对自身的传统文化具有强烈的情感寄托，只有通过构建多渠道的交往路径才能为民族间的情感互动、文化交流提供全方位的对话情境，才能消除群体心理隔阂、突破文化交流壁垒、强化民族间文化认同，在不断自我革新、多向交流中实现深层次的民族传统体育文化融合。进而，在社会主义核心价值观的导引下助推各民族传统体育文化的现代化发展。我国的民族传统体育丰富多彩，我们要在多样化的民族传统体育项目中获得灵感，积极地吸收各民族特有的民族传统体育文化的长处和优点，取其精华，这样可以在更新、整合和丰富山西的民族传统体育文化中，节省大量的时间、物力和人力，从而保证各民族传统体育文化在新时代与中华民族传统文化同向发展。各民族独具特色的传统体育文化相互碰撞、吸收，在多渠道的交往、全方位的交流、深层次的融合中，汇聚丰富多彩的中华民族体育文化，塑造新时代民族传统体育文化记忆，铸牢中华民族共同体意识。

参考文献

[1] 肖宜悦. 三晋地域文化与晋剧研究[D]. 北京：中国艺术研究院，2016.
[2] 陈建宪. 文化学教程[M]. 武汉：华中师范大学出版社，2004.
[3] 张岱年，方克立. 中国文化概论[M]. 北京：北京师范大学出版社，2004.
[4] 贾兰坡. 周口店——“北京人”之家[M]. 北京：北京出版社，1978.
[5] 郑杭生. 社会学概论新修(第4版)[M]. 北京：中国人民大学出版社，2013.
[6] 国家体委武术研究院. 中国武术史[M]. 北京：人民体育出版社，1997.
[7] 徐永昌. 中国古代体育[M]. 北京：北京师范大学出版社，1983.
[8] 闫增荣. 挠羊赛的文化寻根[D]. 太原：山西师范大学，2009.
[9] 孟林盛. 三晋传统体育文化研究[D]. 太原：山西大学，2014.
[10] 赵富学. 中国式现代化视域下体育助推中华民族伟大复兴的内在逻辑与独特优势[J]. 北京体育大学学报，2023，46(01)：13-23.
[11] 党德洲. 弓箭的起源与历史流变[J]. 兰台世界，2010(17)：72-73.
[12] 戴国斌. 民族传统体育概论[M]. 北京：高等教育出版社，2015.
[13] 林耀华. 民族学通论(修订本)[M]. 北京：中央民族大学出版社，1997.
[14] 万建中. 龙舟竞渡活动的历史渊源[J]. 体育文史，1995(3)：44-46.
[15] 宋俊华，王开桃. 非物质文化遗产保护研究[M]. 广州：中山大学出版社，2013.
[16] 白晋湘，万义，龙佩林. 探寻传统体育文化之根传承现代体育文明之魂——非物质文化遗产视角下民族传统体育研究述评[J]. 北京体育大学学报，2017，40(01)：119-128.
[17] 张凤琦. “地域文化”概念及其研究路径探析[J]. 浙江社会科学，2008(4)：63-66.
[18] 郝勤. 体育史[M]. 北京：人民体育出版社，2006.
[19] 周伟良. 中华民族传统体育概论高级教程[M]. 北京：高等教育出版社，2003.
[20] 雷学会，李卓嘉，王岗. 民族传统体育与公共文化服务互动研究[J]. 首都体育学院学报，

2018，30(01)：34-37.

[21] 高举中国特色社会主义伟大旗帜 为全面建设社会主义现代化国家而团结奋斗[N]. 人民日报，2022-11-01(001).

[22] 干春松. 大学问·儒学的近代转型[M]. 桂林：广西师范大学出版社，2023.

[23] 张文鹏，郭澜，曾婷婷，等. 新时代中华民族传统体育的机遇、挑战及政策建议[J]. 武汉体育学院学报，2020，54(7)：56-62.

[24] 宋俊华，王开桃. 非物质文化遗产保护研究[M]. 广州：中山大学出版社，2013.

[25] 何巍. 试论太极拳与中老年人的身心健康[J]. 南京体育学院学报，2002(3)：41-42.

[26] 杨文龙. 非物质文化遗产视阈下衡水传统武术的传承研究[D]. 北京：首都体育学院，2014.

[27] 王铁新. 晋南地区民俗体育生存与发展的社会与文化学研究[D]. 太原：山西师范大学，2010.

[28] 李玉文，白晋湘. 新发展阶段中华民族传统体育的时代机遇与路径选择[J]. 体育文化导刊，2022(10)：57-64.

[29] 关清文，张晓林，田贞，等. 新发展阶段学校体育教育高质量发展特征、困囿及路径[J]. 体育文化导刊，2022(01)：104-110.

[30] 王健，崔耀民，刘玉财. 加快建设体育强国的战略选择：优先发展学校体育[J]. 天津体育学院学报，2023，38(01)：1-8.

[31] 赵苏喆. 民族传统体育学科体系的现状及其构建[J]. 体育学刊，2005(02)：57-59.

[32] 白晋湘，万义. 中国特色社会主义新时代民族传统体育学科的建设研究[J]. 体育科学，2018，38(10)：12-18.

[33] 韦晓康，代嘉. 全国少数民族传统体育运动会：铸牢中华民族共同体意识的重要符号[J]. 北京体育大学学报，2022，45(09)：65-78.

[34] 杨国庆，彭国强. 改革开放 40 年中国竞技体育发展回顾与展望[J]. 体育学研究，2018(05)：12-22.

[35] 鲍明晓，赵轶龙，高颖. 新冠疫情背景下拓展和优化我国体育竞赛体系的对策研究[J]. 体育科学，2022，42(11)：11-18.

[36] 吴强. 我国民族传统体育文化资源与旅游资源融合共生的文化空间研究[J]. 首都体育学院学报，2019，31(01)：56-60.

[37] 刘林星，李越苹，朱淑玲，等. 黄河流域民族体育文化与生态旅游深度融合发展研究[J]. 西安体育学院学报，2022，39(02)：197-203.

[38] 董海鹏，李亨英，杨波. 山西省文化旅游业发展的对策研究[J]. 晋中学院学报，2013，30(01)：35-37.

[39] 马知遥，常国毅. 非物质文化遗产教育性保护的方法论与道路探究[J]. 民族艺术研究，2019，32(06)：135-144.

[40] 闫慧，李爱菊. 新时代民族传统体育产业融合发展研究[J]. 体育文化导刊，2020(3)：13-18.

[41] 季彦霞，吕万刚，沈克印，等. 元治理视角下体育社会组织参与治理的现实困境与改革路径[J]. 体育学研究，2021，35(04)：52-58.

[42] 陈丛刊. “国家—社会”关系视角下我国体育社会组织改革的3个维度[J]. 首都体育学院学报，2021，33(06)：666-670.

[43] 周晓虹. 产业转型与文化再造：特色小镇的创建路径[J]. 南京社会科学，2017(4)：12-19.

[44] 王松，张凤彪，毛瑞秋，等. 体育特色小镇：民族传统体育文化保护、传承与弘扬[J]. 沈阳体育学院学报，2019，38(6)：130-138.

[45] 车雯，张瑞林，王先亮. 文化继承与产业逻辑耦合：体育特色小镇生命力培育的路径研究[J]. 体育科学，2020，40(01)：51-58.

[46] 郭琦，李金龙. 山西宋氏形意拳当代拜师特点及其成因分析[J]. 体育研究与教育，2018，33(02)：66-70.

[47] 刘启超，戴国斌，李文鸿. 中国武术师徒制文化传续论[J]. 上海体育学院学报，2021，45(8)：63-72.

[48] 白晋湘，郑健. 交往交流交融：苗疆传统体育铸牢中华民族共同体意识的三重路径[J]. 体育学刊，2022，29(01)：1-8.

[49] 赵启超. 魏晋南北朝时期山西武术发展状况研究[D]. 太原：中北大学，2014.

[50] 晋中国家级文化生态保护区非遗数字博物馆[EB/OL]. http：//fysj. jzxy. edu. cn/resources_desc/178.

[51] 苗苗. 山西省太谷县非物质文化遗产研究[D]. 咸阳：西藏民族大学，2016.

[52] 李翔. 宋辽金元时期山西武术发展状况研究[D]. 太原：中北大学，2015.

[53] 马蓉. 先秦时期山西武术发生发展状况的研究[D]. 太原：中北大学，2013.

[54] 何文婷. 隋唐五代时期山西武术发展状况的研究[D]. 太原：中北大学，2015.

[55] 李佳. 秦汉三国时期山西武术发展状况的研究[D]. 太原：中北大学，2013.

[56] 范东杰. 明代山西武术发展状况研究[D]. 太原：中北大学，2016.

[57] 段丽梅. 明清晋商对山西优秀拳种形意拳产生与发展的影响[J]. 中国体育科技，2011，47(5)：60-65.

[58] 焦稳龙. 山西省稷山县高台花鼓研究[D]. 兰州：西北民族大学，2013.

[59] 史琰琰. 山西翼城花鼓舞蹈文化资源与校本课程开发研究[D]. 福州：福建师范大学，2010.

[60] 卫艳蕾. 晋南临汾地区鼓舞传承谱系调查研究[J]. 北京舞蹈学院学报，2013(6)：83-88.

[61] 肖宁. 论我国民族传统体育文化的传承机制[J]. 山东体育学院学报，2008(02)：32-35.

[62] 王彬. 翼城花鼓传承保护情况的调查思考[J]. 黄河之声，2011(20)：84-85.

[63] 王攀峰，刘定一，梁冲焱. 戴氏心意拳起源考辨[J]. 体育文化导刊，2014(6)：168-171.

[64] 宿继光，刘定一. 三晋武术发展的文化地理学探析[J]. 体育文化导刊，2010(5)：87-90.

[65] 刘纬毅. 三晋文化的特质[J]. 山西师大学报(社会科学版)，1998，25(01)：62-68.

[66] 行龙. 从社会史角度研究晋商与地方社会[J]. 山西大学学报(哲学社会科学版)，2005，28(01)：62-66.

[67] 丰驰. 大同历史环境考略[J]. 文物世界，2008(02)：59-61.

后　记

本书名为《山西民族传统体育文化研究》，笔者通过整理和挖掘，对山西地区的民族传统体育文化进行了系统的梳理，使山西民族传统体育文化更加系统化，从而构建山西民族传统体育文化的基本理论框架，促进山西民族传统体育文化的传承和创新发展。这也是我们的责任和使命。

笔者的研究方向是民族传统体育文化学，一直以来对民族传统体育非常感兴趣，一路坚持不懈地学习和研究。近几年研究的课题有山西省社科联重点课题“健康促进背景下的高职院校体育课程发展研究”、山西省教育科学“十二五”规划课题“民族传统体育项目在职业院校体育教学中的应用研究”、山西省教育科学“十四五”规划体育与健康教育专项课题“新时代背景下高校体育课程思政实施的路径探究”，还参与完成了国家社科基金重大、重点课题的研究，在核心期刊发表的论文主要有《少数民族村寨发展变迁中的传统体育保护研究——酉阳河湾村摆手舞的田野调查报告》《我国少数民族体育冰雪项目进入冬奥会的发展探索》《新发展阶段中华民族传统体育的时代机遇与路径选择》《民族传统体育构筑中华民族现代文明的理论逻辑与现实进路》等。以上学术成果能够较好地把握民族传统体育学的研究热点和方向，实现科研与教学的双向互动，把科学研究和教学研究的优秀成果固化到日常的教学计划、课程教学内容与体系、教学方法、教学手段和相应的教材及辅导材料之中，强调创新与实践能力的培养，提高人才培养的规格，使培养的学生既掌握现代民族传统体育科学的理论与方法，又具备民族传统体育的知识与技能，实现了拓宽民族传统体育的教学口径、增强适应性的改革目标。

山西民族传统体育文化研究是一块正在开垦的新领域，笔者结合前人研究的成果，同时得到本领域同仁的热情支持和指导，广泛收集山西民族传统体育方面的资料，在选题上从民族学、文化学、民俗学等多个视角，阐述了我国民族传统体育文化的内涵、起源、特点、价值、现状与特征，推动我国民族传统体育文化的传承和发展，让人们更加重视那些濒临消亡的少数民族传统体育项目，让我国少数民族传统体育项目更好地实现现代化的传承与发展，更好地适应国际文化交流发展的趋势，进而为体育训练、教育、科研和管理提供更好的体育文献信息服务。在方法上以价值论、本体论、联系论、发展论全面梳理民族传统体育文化的功能、价值、特征，对山西民族传统体育非物质文化遗产项目进行个案研究，预测未来民族传统体育面临的挑战和发展态势，以学生发展、强身育人、文体艺教育为突破口，走出一条传统文化、民族传统体育教育、技能习得等协同发展之路，以构建全书的总体框架。希冀山西民族传统体育文化能够进入大学、中学、小学的教材，这样会让青年儿童从小了解我们国家缤纷多彩的民族文化，同时让青年一代在走出校园后，以其良好的锻炼习惯和丰富的民族传统体育知识与技能，成为民族传统体育活动的骨干和指导者，成为民族文化的继承者和传播者，为我国民族传统体育事业的发展提供助力，这对民族传统体育的发展具有战略性的意义。

本书参考和引用了一些专家和学者关于民族传统体育、山西非物质文化遗产、体育教学等方面的观点和内容，在此表示衷心的感激。由于时间和学术水平有限，本书在收集资料、语言组织等方面存在不足之处，诚望学界老师们矫正，并敬请各位专家和学者对本书提出宝贵的意见和建议。最后，本书的出版也凝聚着出版社的心血，笔者在此表示衷心的感谢。

李玉文

2024 年 4 月